50歳からの性教育

村瀬幸浩
Murase Yukihiro

髙橋怜奈　宋 美玄
Takahashi Rena　Song Mihyon

太田啓子　松岡宗嗣
Ota Keiko　Matsuoka Soshi

斉藤章　嶋陽子
Yoko

河出新書
059

はじめに

こんにちは。村瀬幸浩と申します。50歳からの性教育――この本をひとつの学校とするなら、私はその校長にあたる役割を拝任することになりました。これはたいへんな役を引き受けたぞと思うとともに、なんだかワクワクした気持ちが湧いてくるのを感じます。かねてから大人にも、いや大人にこそ性教育が必要だと考えていたからです。その理由を明かす前に、少しだけ私自身の話をさせてください。

現在81歳、「50歳」の人にとっては親世代にあたります。保健体育の教諭として、私立の高校で25年間勤務しました。学生時代はバスケットボール選手だったので、部活動の指導にも力を入れました。その後総合学習の「人間と性」というテーマを担当したのですが、自分がいかに性について何も知らないかということに気づきました。性とは何か、なぜそれを学ばなければならないか。生徒の前で授業をする日々は、自分自身の新たな学びにもなりました。教材や資料からだけでなく、共に生活する家族、とりわけ妻から多くのことを教わりましたが、それについては追ってお話しします。そのうち校外の講演に招かれるようになり、性教育に専念したいと思うようになりました。教師の職を辞したのが198

9年、47歳の年です。全国の教師たちが性を学ぶ場として一般社団法人「〝人間と性〟教育研究協議会」(性教協)を立ち上げ、勤務する大学でセクソロジー(性科学)の授業を持ち、全国各地の学校や自治体で講演をしたり雑誌を発行したりしながら、現在にいたります。

なぜ、人は性について学ぶべきなのか。そのことをずっと考え続けてきた年月だったと思います。現在までにたどり着いているひとつの結論が、「人と人がかかわって生きていくうえで、性について知ることは不可欠である」というものです。性は一人ひとりの生き方の根幹に備わっているものです。私たちは誰もが人とのかかわりのなかで生きていきますから、相手の根幹、つまり相手の性を知り、尊重しないことには関係を築けないのです。

近年、日本では性について教わったり学んだりする機会のないことが、とみに問題視されています。そして自己を知り、他者を知り、関係を育んでいくという、世界の性教育の潮流からも取り残されていることに危機感を覚える人たちが、政府に働きかけるだけでなく、講師として出張授業をしたり、メディアを通じてさまざまな発信をしたりと活躍されています。しかし本来子どもが一律教育を受けられるはずの学校現場では、いまも性教育というものに正面から取り組んでいない状況が続いています。一例を挙げると、妊娠の仕組みは教えても、「妊娠の経過」つまりセックスについては教えないよう、文部科学省の学習指導要領に定められているのです。これを「はどめ規定」といいます。

これまで小中高の授業で取り上げるのは、「生殖の性」「産むための性」にとどまっていたということは、みなさんも身をもってご存じでしょう。それも十分な内容とはいえないものだったことも、ここで指摘しておきたいと思います。これまでも長いあいだ小学校4、5年生になると女子児童だけが集められて、課外授業として、これから身体に訪れる第二次性徴といわれる変化、特に月経を中心に教えられます。そのとき男子児童が精通について聞く機会を設けた学校はまれで、「女子が秘密の授業をしているあいだ、外で遊んでいた」というケースが非常に多い。ここには教育の問題以外にも、性科学の世界でも男性の性が置き去りにされた歴史の影響も感じます。初潮がくることは「子どもを産める身体になった」「お母さんになる準備が始まった」と表現されるのに対し、男性は自身が生殖できるようになったことをちゃんと伝えられることがないまま成長していきます。現在は、男子児童も一緒に月経を学ぶ学校が増えているようですが、男子の成長にそれほど目が向けられていない状況はここ30、40年ほど変わっていません。

性についての知識が不足し、自分の性とはどういうものであるかを深く考える機会が用意されてこなかったというのは、たとえるなら人の目には見えない大小の石が散らばった道を歩くようなものだと思います。現在50歳のみなさんなら、それに何度もつまずいてきたのではないでしょうか。大きく転倒して、怪我をした人もいるかもしれません。

たとえば、男性の性における悩みのトップに包茎があり、男子学生から相談されることもありました。亀頭と包皮が癒着してむこうとしてもむけない「真性包茎」は泌尿器科で診てもらうことをすすめますが、勃起時に包皮がむけて亀頭が露出するいわゆる「仮性包茎」は健康上の問題はまったくなく、セックスの支障にもなりません。そもそも仮性包茎という言葉さえ、外国にはないと言われているのです。しかしこれがコンプレックスになっている男性が非常に多い。これは一部の整形外科による「皮を被ったままは恥ずかしいから、手術をしよう」というプロモーションの影響によるもので、つまり作られたコンプレックスなのです。こうしたコンプレックスのために、性交渉どころか人との交際に積極的になれない人もいます。決して安いとは言えない金額を払って手術を受け、治す必要のない包茎を治す人もいます。最近は「将来、介護を受けるときに恥ずかしくないように」という理由で包茎手術を受ける40代以降の男性が増えているそうです。これまで包茎という石につまずいた日本人男性は、どのくらいいるのか見当もつかないほどです。

性器のサイズで悩む男性も多いのですが、健康上もセックスするうえでも問題ありません。これからは学校の性教育で「性器のサイズ、包茎は気にしなくていい」と明言する機会も設けるべきだと、私は考えています。授業という形でたくさんの人がその知識を共有することで、社会にある「恥ずかしい」というイメージが薄れるからです。落ちている石を早めに取り除くことで、つまずく人は減ります。

女性の月経は、人によっては大きな石として道を塞《ふさ》ぎます。月経の仕組みは習っても、月経痛やPMS（月経前症候群）の対処法について学校では教わらないことが多く、「痛み止めは飲まないほうがいい」などの言説を信じて苦しんでいる女性は現在も大勢います。一方で男性は、月経のことをほとんどまともに知りません。そういう生理現象が起きるという知識があったとしても、女性の生活の一部としての月経を知らないのです。

実は私の妻は、月経痛が重いタイプでした。結婚当初の私は月経についての知識をまったく持ち合わせていませんでしたから、「さぼっているんじゃないのか」と思ったものです。妻が私の本音に気づかないわけがありません。私たちの関係は、次第にぎくしゃくしていきました。当時、その障壁がどこにあるのか私にはわからず、月経痛に対する自分の態度に問題があると気づくのにも時間がかかりました。

なんとかしなければならないと、私は性に関する専門書を次々と読み漁りました。そうすることで知識を得て、妻の不調を慮れるようになったのは本当によかったと思います。妻は男性の私と違って小学生のころから繰り返し性の授業を受けてきました。しかし、その中身は月経、妊娠、出産など女性の性についてばかりで男性の性についてはほとんど何も学んでいませんでした。「女の子は男子のことなど知らなくていい」「性について関心を持つことなど卑しいことだ」と。つまり私が女性の性に無理解だったのに対し、妻は男性の性に無知だったのです。そのことに気づいて私たちは関係を変えていく努力を始めました。

性について知らないことは、このように自分自身のつまずきとなるだけでなく、人と関係を築くうえでも大きな困難をもたらすのです。道には必ず、何かしらの石があるものです。それが見えていれば、避けて通ることができます。それなのに性について学ぶ機会がないと、石の存在自体を認識できません。それにぶつかって自分が傷つく、自信がなくなる、相手との関係がうまくいかない……。私はこれが残念でならないのです。

さて、ここで50歳という年齢にあらためて目を向けたいと思います。

私たちのゆく道には必ず石があるとお話ししましたが、さらに詳しく言うなら、ライフステージに合わせて石の大きさや形が変わってきます。女性の更年期では不調が出る人が多いですが、男性にも更年期があり、だいたいの人は性機能の低下によってそれを実感します。そうした身体の変化でつまずかないためには、何を知っておけばいいのか。

また、ふたりのあいだでセックスをどうしていくかということも、考えなければなりません。これは、いくつになってもセックスをするのがよいという意味ではなく、自分はセックスをしたいのか、相手はしたいと思っているのか、そしてセックスをする／しないことについて相手とどんな関係を築いていきたいのか……そんなことを考えるところから始まります。年齢によって身体が思うような反応を見せなくなり、勃たない、濡れない、興奮しないといったことは遅かれ早かれ必ず起きます。その変化は自分のなかで、どういう意味を持つのか、その状態で触れ合いを続けるのか、やめてしまうのか。

セックスには、3つの側面があります。「生殖の性」「快楽共生の性」そして「支配の性」です。50歳にもなると、生殖の性は終わりが近づきます。それをもって生殖を促す性行為でなく、触れ合う心地よさ、幸福感を分かち合う快楽共生の性に重きをおく関係へとシフトしたいところですが、性という場面においては「快楽共生」と「支配」はとても近くにあり、ややもすれば簡単に「支配」へと転じるおそれがあります。

そこで私は「パルピテーションから、インティマシーへ」と提案しています。パルピテーション（palpitation）は「動悸」と訳されますが、ドキドキやときめき、胸の高鳴りといったほうがわかりやすいでしょうか。こうしたものに突き動かされるようにして相手を求めたセックスから、お互いにインティマシー（intimacy／親密さ）を確かめ合うような触れ合いへ——。

自身の性的欲求を見直し、相手の意志を確認したうえで仕切り直す。そのために、50歳という年齢はちょうどいい節目ではないでしょうか。パートナーとの関係を見直すには、セックス以外のことも重要になってきます。日ごろのコミュニケーション、家事や育児の分担、結婚観、そして人生観……これらすべてをひっくるめて「性」なのです。長年連れ添ったふたりでも価値観がなにもかも一致することはないでしょう。それでも、お互いの生き方を尊重しながらすり合わせる作業ができるかどうかが鍵です。もしも、まったく別の方向を向いている、さらには一方が自分に合わせることをもう一方に強いている状態ならば、セックスだけでなく共に生活すること自体を見直したほうがいいかもしれません。

そしてそのような関係を適切なものへと変えていけるのか、あるいは、そうしたくないのか。

さらにはこの先、自身やパートナーとの性的指向（恋愛やセックスの対象となるのはどの性か）を見直す機会が訪れる可能性がないとは言えません。異性愛を当然としてきたけれど、本当の自分はどうなのか、もしかしたらそうではないかもしれない。性自認（自分の性別をどうとらえているか）も性的指向も、不変のものではありません。あるいは、もともと性愛に対しては欲求が向かわないタイプ（アセクシュアル）の人なのかもしれません。現在の50歳前後は、青春時代に「性とは多様である」という価値観に触れてこなかった人がほとんどです。残念なことに、社会で周知されてはいませんでした。しかしそのときも、性的マイノリティと言われる人たちは常に身近にいました。また、家族や長年の友人、同僚や部下からカミングアウトされることがあるかもしれません。知識がないままでは、適切な対応が取れず、関係にヒビが入ることもありえます。

本書では性教育の授業よろしく、5人の専門家が、50歳からの人生を生きるうえで知っておきたいこと、見直したいこと、仕切り直したいことを書き下ろしています。また、6人目の専門家のおひとりとして、テレビなどメディアで活躍中の田嶋陽子さんをお招きしふたりが見てきた日本の性の問題について対談しました。

本書を50歳からの性教育を行なう学校のような場とすると、私が校訓としたいのは「威張るのをやめて、仲よくする」です。なんだか小学校の標語みたいだと笑われるかもしれませんが、これが案外、大事なのです。

威張るというのは、自分を実際よりも大きく見せて相手を支配する行為です。男性に多い現象ですが、それは男性がそのように育てられてきたからだと思います。社会から期待される男性のイメージに合わない自分に劣等感を募らせ、威張ってみせることでしか生きてこられなかった人もいると思います。セックスにおいても、威張る人は少なくありません。ＡＶなどでは男性が女性に対し暴力的にふるまう「支配の性」が描かれるために、それこそがセックスだと刷り込まれてしまう人がいます。現実世界で実践すれば、快楽共生のセックスにはほど遠く、パートナーは内心で怯え、苦痛を感じ、傷つくだけです。男性も相手にそんなつらい想いをさせたいわけではなかったかもしれない。しかし威張ることは自分にも相手にもつらさを強いるのです。

そのことに気づき、威張るのをやめれば、その後の生き方は変わります。「仲よく」というのは、対等な関係を築くことです。その対象はパートナーとは限らず、身近にいるすべての人なのですが、まずはパートナーと仲よく——セクシュアルコンタクトを含む仲のよい関係を築くことから始めてほしいと思います。そこから他者とも適切な関係で付き合えるようになる可能性は大で、人生の後半が充実します。

性を知ることとは、人間関係づくりの土台になります。自分の性と他者の性を尊重することで、人生が豊かになるのです。「威張るのをやめて、仲よくする」は私が作った校訓ですが、６人の専門家の「授業」には期せずしてこの考えが通底しているように感じます。ぜひ、そのことを頭の片隅におきながら、読んでください。

校長・村瀬幸浩

目次

第1講

「更年期」～誰もが通るその時期の過ごし方～

髙橋怜奈（産婦人科医）

図1-1　平均寿命の推移（令和２年版「厚生労働白書」より）

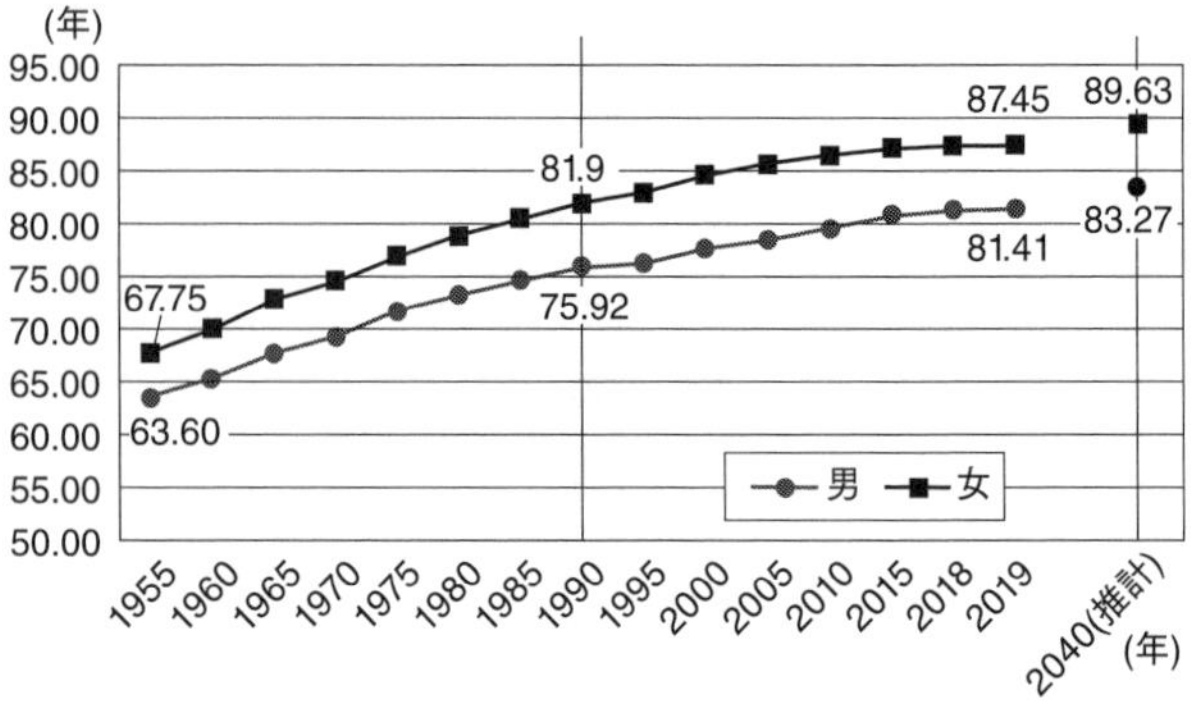

資料：2019年までは厚生労働省政策統括官付人口動態・保健社会統計室「令和元年簡易生命表」、2040年は国立社会保障・人口問題研究所「日本の将来推計人口（平成29年推計）」における出生中位・死亡中位推計。

「更年期」という語を本書ではじめて知った、という人は少ないと思います。最近は、メディアでも盛んに特集が組まれ、目に触れる機会が増えました。40代になればだいたいの人、特に女性はいずれ自分が向き合うことになる健康課題と認識しているでしょう。

まず簡単に説明すると、更年期というのは、閉経の前後5年間、合わせて10年間の期間を指します。日本人女性の閉経の平均年齢は50歳なので、多くの人は45〜55歳が更年期にあてはまります。男性はもう少し幅が広く、40代から50代にかけてスタートします。

かつては、50歳というと人生の終盤に差しかかる年代だったことから、更年期＝老いのイメージもありました。老いをネガティブにとらえる社会では、更年期もまたネガティブなトーンで語られると思います。しかし現代は人生１００年時代。平均寿命は男女とも80歳を超え、２０４０年には男性約83歳、女性約90歳になると推計されています（図1-1）。50歳前後は、その折り返し地点でしかなく、更年期を過ぎてからの人生もまた長いとなると、肯定的にとらえようとする流れが生まれるのは、自然なことのように見えます。

日本では性教育が十分に行なわれない時代が長く、またその内容も不十分なものでした。現在の50歳前後であれば、小学校高学年になるころに女子児童だけが集められて月経について教わった経験がある人は少なくないでしょう。男子児童はその時間、校庭で遊ばせられていたという話もよく聞きます。男子は男子で第二次性徴が始まる前にこれから自分たちの身体に起きる変化を知り、そのうえで男女ともお互いの成長について学習する機会があればいいのですが、残念ながらそうではありませんでした。

女子児童がそのときに習うのは、月経についてです。これから初潮を迎える時期に、それを知ることはとても大事です。中高生になれば妊娠の仕組みも習います。けれど将来必ず訪れる更年期、そして閉経について習ったことがある女性はごく少数にとどまります。多くの日本人女性は更年期、閉経について習う機会のないまま人生の長い時間を過ごし、気づけばその年齢になっているのです。

そのせいか、更年期にはいくつもの誤解があると感じます。そのひとつが、女性だけに起きる現象だというものです。男性にも更年期はあり、つらい症状が出る人もいますが、こうした誤解が妨げとなって治療にたどり着きにくいという現実があります。

10年という月日は短くありません。その時期を快適に過ごすか、それとも不調とともに過ごすか——それは更年期をどれだけ理解しているかによっても変わってきます。この時期のつらい症状の出方は個人差が大きく、まったく症状が出ない人もいますが、日常生活に支障が出る人もいます。自分はなんともなくとも、パートナーや同年代の友人、職場の同僚などがたいへんな思いをしているかもしれません。更年期について知ることでコミュニケーションが円滑になることがあると同時に、知らないことで人の負担となり関係に影響が出る可能性もあります。ここから先はぜひ、女性は男性の、男性は女性の更年期を「自分とは関係ないこと」と思わずに目を通してください。なんとなく知るだけでも、身近な人への想像力が持てるようになると思います。

更年期で人生が変わらないために

近年、更年期への注目度がこれまでになく高まっているのは、団塊ジュニアといわれる、1971〜1974年生まれの世代が50歳前後になっていることと無関係ではないでしょう。その後少子化の波がきて現在にいたるため、この世代は日本の人口において最後のボリュームゾーンでもあります。親は団塊世代ですが、親子間のジェネレーションギャップのひとつに、更年期を迎える年齢になるまで働いている女性が多い、ということが挙げられます。そこで、かつては女性の個人のこと、もしくは家庭のなかのことと思われていた更年期が、現在は社会課題と認識されるようになりました。

　私は産婦人科医として、外来でさまざまなライフステージの女性を診察するのと並行して、ＳＮＳや動画配信サービスで情報発信をしています。内容は月経やピル、子宮頸がんを予防するＨＰＶ（ヒトパピローマウィルス）ワクチン、妊娠出産、そして更年期まで多岐にわたります。日本では残念ながら、女性にとって婦人科が身近とは言えません。特に世代が若いほど敷居を高く感じるようなので、「こんな相談もしていいんだよ」と発信することで、その高さを下げたいのです。「ＴｉｋＴｏｋの動画を見てきました！」という女性が外来にいらっしゃると、心からうれしくなります。

　ここ数年は、企業への研修業務も増えています。現在は結婚、妊娠、出産、育児というライフステージの変化があっても女性が働き続ける時代です。しかし女性は日常のなかに月経や更年期といった、特有の健康課題を抱えやすくもあります。課題そのもので困ることもありますが、女性が困っていることが〝見えない〟状態となってしまっているがために生じる困難もあります。まずはそのことを企業単位で共有するのが、研修の目的です。

事前に「職員に何を知ってほしいのか」を問い合わせると、女性の生涯をとおしてどの時期にどんな健康課題が発生しうるかを大まかに解説してほしいというリクエストが多いです。私はどこでお話しするにしても、更年期の女性、閉経後の女性が「いる」前提で臨みます。もしその時点でいなくても、いまの職員が働き続け、キャリアを積んでいけば、いずれその時期を迎えます。妊娠、出産、育児の制度は、改善する余地がまだあるとはいえ、社会からの要請に応じて整えられつつあります。これも結婚、妊娠を機に離職する女性が多い時代には考えられなかったことでしょう。これからは、更年期の女性が健康課題をどうクリアしながら働き続けるかということにも、より注目が集まると思います。

特に避けたいのが、「更年期離職」です。更年期に心身のつらい症状が出て仕事を続けられなくなり離職することをいい、その数を試算したところ、40～50代の女性でおよそ46万人、男性でおよそ11万人にのぼったという調査結果があります。また、更年期症状により3割以上の収入減となったのは女性全体で8・6%、男性全体で10・8%でした（図1-2）。それまで積み上げてきたキャリアが断たれるのは極めてもったいないことですが、企業としても経験豊かな人材を失うのは損失でしかありません。個人も企業も更年期について知り、対策することで、そうした事態を避けられる可能性は十分にあります。

図1-2　症状が出ている（た）時期の労働時間と収入の変化

	女性						男性					
	女性全体	40代	50代	45-54歳	非正社員	正社員	男性全体	40代	50代	45-54歳	非正社員	正社員
労働時間の変化												
3割以上減少	6.1	6.2	6.0	6.4	**7.3**	3.4	8.3	10.2	7.2	10.1	**12.4**	7.3
1～2割減少	7.9	9.5	7.0	7.8	8.7	6.2	15.6	14.4	16.3	15.5	16.4	15.4
ほぼ同じ・増加	86.1	84.4	87.0	85.8	84.0	90.4	76.1	75.4	76.5	74.5	71.1	77.3
合計	100.0	100.0	100.0	100.0	100.0	100.0	100.0	100.0	100.0	100.0	100.0	100.0
収入の変化												
3割以上減少	8.6	8.4	8.7	8.2	**10.3**	5.1	10.8	14.1	8.8	11.3	**17.9**	9.1
1～2割減少	7.4	8.2	6.9	7.5	8.4	5.2	16.5	15.5	17.1	18.8	15.4	16.7
ほぼ同じ・増加	84.1	83.4	84.4	84.3	81.3	89.8	72.7	70.4	74.1	70.0	66.7	74.2
合計	100.0	100.0	100.0	100.0	100.0	100.0	100.0	100.0	100.0	100.0	100.0	100.0
標本サイズ	4,296	1,561	2,735	2,708	2,897	1,399	1,038	382	656	576	201	837

出典：NHK「更年期と仕事に関する調査2021」（本調査）より集計。
注：正社員に役員と公務員が含まれており、非正社員に自営業が含まれている。以下同じ。

更年期＝ネガティブなイメージ？

企業研修において更年期のパートでまずお話しするのは、「身体のなかで何が起きているか」です。シンプルに言うと、男女ともに性ホルモンの分泌が減少する時期が更年期です。思春期や老年期と同じく人生の1シーズンを示す言葉で、誰にでも等しく訪れるものなのです。

具体的には、女性なら卵巣の機能が低下し、そこから分泌される性ホルモンの一種、エストロゲンの量が減ります。40代も半ばが近づくと、そろそろ生殖の役割を終える準備が始まり、徐々に閉経へと向かっていくのです。

女性の身体はそれまで、エストロゲンに守られてきました。もっとも大きな役割は子宮内膜を整えて妊娠の準備をすることですが、それ以外にも骨を作り、コレステロールのバランスを整え、自律神経を安定させ、肌や髪のツヤを作ります。月経後の約1週間はエストロゲンの分泌量が増えますが、この時期は体調がよく元気に過ごせるという女性が多いです。だからこそ、分泌されなくなるとさまざまな不調が起こりやすいのです。

追ってお話ししますが、男性の場合はテストステロンという男性ホルモンが減少し、それによる不調が出ることがあります。しかし女性のエストロゲンの減り方と比べると、なだらかな坂をゆっくり下るような減り方です。女性のエストロゲン減少は、人によってはグラフにすると急降下ともいえる角度を描くため、より不調が出やすい傾向にあります。

ホットフラッシュと言われる顔のほてりやのぼせ、発汗、めまい、動悸、不眠……これらは自律神経が失調することが原因です。ほかにも腰痛や関節痛、ドライアイ、ドライマウスといった身体症状、そして倦怠感、不安感、イライラなどメンタルの調子が崩れることもあります。こうした症状をまとめて「更年期症状」、生活に支障が出るほど重い場合は「更年期障害」といいます。不調が出るか、出ないか、重いか、軽いかは人それぞれです。これといった不調を何も経験しないまま、気づけば閉経していたという女性も少なくありません。自分がどうなるかは、実際にその時期を迎えるまでわからないものです。

40代半ばごろになると、月経の周期が乱れるようになります。こうなると更年期にさしかかったサインです。それまで28日前後の規則正しい周期で月経がきていた人も、そのサイクルが不安定になり、２週間おきに来たかと思えば急に2カ月近く空いたりすることもあります。

ここ数年、30代の女性が外来に「プレ更年期かもしれない」と相談に訪れるケースが増えています。メディアで、30代でもホルモンの分泌が順調でなくなり、体調が思わしくなくなることを「プレ更年期」と名づけて紹介しているものがあり、その影響だと思われます。メディアが発信した造語であって医学用語ではなく、また更年期に「プレ」はありません。40歳未満で卵巣機能が低下して無月経、つまり月経が3カ月以上ない状態を早発卵巣不全、または早発閉経といい、１００人に1人くらいの割合で起こります。その前にたしかに更年期症状が出ることはあります。ただし、プレ更年期というカジュアルな言葉で済ませる問題ではなく、きちんと無月経の原因を調べたり治療したりする必要があります。つまり、更年期のような症状の有無にかかわらず、月経が3カ月間来ないことがあれば必ず産婦人科を受診してほしいのです。

プレ更年期を心配する女性たちは、40代が近づくと妊娠しづらくなるという知識は持っていて、そこから「女性ホルモンが減っている」「このまま更年期に突入するのではないか」「閉経してしまうのかもしれない」と恐怖に近いものを感じているように見えます。

更年期について基本的な知識が備わっていないのと同時に、旧来のネガティブな更年期観がいまだ社会に残っていることを反映しているのではないかと思うのです。

とはいえ、プレ更年期を心配する女性たちは、多かれ少なかれ不調があるのでしょうし、実際に月経不順の方もいらっしゃいます。それを婦人科で相談してくれるのは、とてもありがたいことだと私は感じています。更年期ではないにしてもホルモンバランスが崩れているなら各種治療を提案できますし、何かほかの疾患が関係してないか検査する必要が出てくることもあります。

また、更年期に対するネガティブなイメージは、正しい知識、情報へのアクセスを阻み、適切に対処できなくなる可能性につながることがあります。診察室で、不調と年齢とを照らし合わせて更年期の可能性を指摘したところ「私、更年期なんかじゃありません！」と強く反発されたことが何度かあります。更年期の女性に「怒りっぽいオバサン」とレッテルを貼り、揶揄する風潮は現在、多少なりとも薄れたのかもしれませんが、消えたわけでもありません。たしかに更年期症状のひとつとして、イライラしやすくなったり怒りっぽくなったりしますが、それは男性更年期も同じです。そしてなんであれ、人の健康状態をからかったり笑ったりするのは適切な態度ではありません。そうすることで、誰かの治療を妨げるかもしれないという想像力は持っていて然るべきでしょう。

「もっとつらい人がいる」はNG

40代になって不調を感じたら、また特に不調はなくても月経のサイクルが乱れはじめたら、一度婦人科で相談してください。問診に加えて、血液検査でホルモン値を測ることもあります。不定期ながら月経が毎月あるうちは、数値にはそれほど表れないことも多く、そこで「まだ更年期ではありませんね」で終わらせる医師がいるのが、とても残念です。そう言われたところで、不調は解消されないからです。耳を傾けてくれる医師はきっといるので、あきらめないでください。

というのも、その不調が更年期によるものではなく、ほかの疾患によるものである可能性も考えられるからです。体温調節がむずかしい、または体重が急に増減するなどは、甲状腺の病気によるものかもしれません。抑うつ症状や長期間続く倦怠感は、精神科で診てもらうべきメンタルの不調かもしれません。その可能性があれば、婦人科から紹介状を出すこともできます。

最初にアクセスするのは婦人科でなくとも構いません。まずは内科や精神科に行き、そちらでこれといった疾患が見つからなかった場合、「この年齢だと更年期症状の可能性があるので、婦人科を受診してはどうか」とすすめられることもあります。

婦人科でも、更年期症状ではなくほかの疾患が見つかることもあります。40～50代にかけて好発するものに卵巣がんがあり、症状がないまま静かに進行するのでサイレントキラーとも呼ばれます。腹水が溜まってお腹が張ったり、がんに侵されて食欲がなくなったりするころには、かなり進行してしまっているのですが、これを「たぶんもう更年期だから、それで体調が悪いんだ」と勘違いする人も多いのです。ほかに子宮体がんや子宮頸がん、乳がんの可能性も考えられます。こうしてほかの病気の可能性を検査などによって排除して、最終的に「これは更年期症状だろう」と判断することを、除外診断といいます。

あちらこちらの病院に行ったり、何度も検査を受けたりするのは、負担が大きいと感じられるでしょう。だからといって、「きっとこれは更年期に違いない」と自己判断して市販薬などで対処するだけだと、いろんな疾患を見逃すことになりかねません。市販薬をしばらく続けても改善されないようであれば、更年期以外にも原因があるかもしれません。一度、病院に相談することを強くおすすめします。

これは更年期症状に市販薬で対処してはいけないという意味ではありません。漢方の成分が入った市販薬で症状が改善することもあるでしょう。ただその場合でも、一度は婦人科にかかってください。患者さんの希望や症状によって漢方薬を処方することもできます。漢方薬を飲み続けるのであれば、市販品より病院で処方されるもののほうが効果を期待でき、保険適用で安価です。

なかには、こんなふうに考える人もいるようです――「更年期といってもそこまで具合が悪いわけじゃないし、知り合いにはもっとずっとしんどそうな人がいる。このくらいで病院に行ったら、怒られるのではないか」。これは更年期に始まったことではなく、月経痛についても「月経痛ぐらいで病院に行ったら、まして私はそんなに重いほうでもないのに、医師に叱られそう」と考える女性が少なくないようです。まず、不調を人と比べる必要はありませんし、医師が叱ることはありません。これは婦人科の敷居が高いと感じられていることの表れだと思うので、私たち医師が重く受け止めるべき事柄です。

本来であれば婦人科は、つらい、痛い、しんどいといった諸症状がなくても、身体のメンテナンスをする感覚で定期的に通ってほしいところです。10代で月経が始まった段階で、かかりつけ医を見つけるのが理想です。私たち医師から困っている人一人ひとりにアウトリーチすることはむずかしいので、メディアやSNSをとおして「月経でも更年期でもつらいことがあるならまずは婦人科で相談を」と呼びかけている医師は多く、私もそのひとりです。

治療で不調を避けられる可能性

更年期症状には通常、ホルモン補充療法（HRT、Hormone Replacement Therapy）がすすめられます。エストロゲンを少量ずつ身体に取り入れることで、その減少をゆるやかなものにする。それを継続して不調を抑えながら、閉経までソフトランディングするというアプローチです。診察室で提案すると「更年期って治療できるんですね！」と驚かれることがあります。自分はもう年なんだから不調が出るのも仕方ないと考えられているようですが、そんなことはありません。そもそも更年期症状が出るのは、卵巣機能の低下が始まってから閉経までの一時期で、それが過ぎれば自然と治まります。

ＨＲＴは主に、ジェル状の塗り薬、肌に貼るパッチ、そして内服薬があり、希望を聞きながらその人に合ったものを処方します。ＨＲＴにも少ないながらリスクはあり、そのひとつが血栓症です。血管内で小さな血の塊ができ、それが血流に乗って運ばれ血管を詰まらせるケースがまれにあります。

しかし、エストロゲン補充による血栓の発生率はごくわずかで、肥満がある人と喫煙者はリスクがやや高いですが、そこまで深刻に考える必要はありません。エストロゲンは内服すると血栓のリスクが上がりますが、パッチや塗り薬で経皮吸収する場合はそのリスクが上がらないというデータがあるので、まずはそちらを提案することが多いです。パッチは皮膚にかぶれが出る人もいるため、その場合は塗り薬をおすすめしています。また子宮を摘出している方はエストロゲンの単独投与でよいのですが、子宮がある方には子宮体がんの予防のために、同じく女性ホルモンの一種、プロゲステロンも併用しないといけないのが注意点です。

ＨＲＴを始めた方から「こんなによくなるとは思わなかった！」とうれしい報告を受けることはめずらしくありません。多くの女性は、人生の大半をホルモンに影響されながら生きてきました。ＰＭＳ（月経前症候群）といわれる月経前の下腹部痛、腰痛、倦怠感、眠気、にきび、イライラ、憂うつなどの症状も、女性ホルモンに影響されてのものです。月経がある女性は、身体が女性ホルモンの分泌量を増減しながら常に妊娠に向けて準備していることになります。それが終わりに差し掛かる時期に、またホルモンの影響を強く受ける……とてもしんどいことです。ＨＲＴによって、ホルモンに振り回されない状態がいかに楽なのかが実感できます。ちなみに、月経がある年齢でホルモンの増減をなくし、フラットな状態に保つことでＰＭＳやＰＭＤＤ（月経前不快気分障害）を緩和するのが、ピルをはじめとするホルモン治療です。

ただ、ピルでもＨＲＴでも、ホルモンをコントロールすることに抵抗を感じる方は一定数います。リスクを気にされているのでしょう。前述したとおりＨＲＴにもリスクはあり、血栓のほかには乳がんがあります。２０００年代はじめにアメリカでＨＲＴによって乳がんリスクが上がるという研究が発表され、日本でも報じられました。しかしＨＲＴは何十年も継続するものではなく、治療をやめたあとはそのリスクが下がることがわかっていいます。また最近は乳がんリスクを上げない、つまりHRTをしていない人とリスクが変わらない、天然型のプロゲステロンも発売されています。もちろんHRTをしていてもしていなくても、40歳以上であれば乳がん検診は定期的に受けてほしいです。

HRTはひとつの選択肢です。更年期離職のデータを見るにつけても、このなかにはHRTを知らず、すすめられず、あるいは選択できずにいて、しんどさが緩和されないまま不本意な離職をせざるを得なかった人もいるのではないかと想像します。女性の40〜50代は仕事だけでなく、子どもの受験や、親の介護などに日々奔走することが多く、自身の不調としっかり向き合い、病院に行く時間がない、といった話をよく聞きます。しかしそれで不調が重なり離職するほどにまで追い込まれると、その後の人生への影響も小さくありません。そうはならないための治療が、あるのです。女性が自分のことを後回しにしがちなこの時期、家族や身近な人が声をかけ、協力して、受診を促すことも非常に大事です。

HRTはいつまでにやめなければいけないということはないのですが、60〜65歳くらいまでには終える場合がほとんどです。更年期症状のうち、特にメンタルにつらい症状が出る人には、併せて心療内科や精神科に通うことをおすすめする場合もあります。

閉経はいつ訪れるかわからない

女性のライフステージを俯瞰すると、身体が生殖の役割を終えることを意味する閉経は、ひとつの大切な区切りだと感じます。一抹のさみしさを感じる人もいれば、「やっと終わった！」と解放感を覚える人もいます。子どもを持つ、持たないは個人の自由ですが、女性の身体は常に妊娠に備えて準備をしています。約40年間続いたそれが終わるのです。

それでいて閉経は、いつ訪れるかわからないものです。「月経が3カ月も来ないから、私、閉経したみたい」といった声をよく見聞きしますが、ここには誤解があります。最後の月経から1年が経ったのをもって、閉経とみなされます。卵巣機能が低下して女性ホルモンの分泌量が不安定になり、やがて減っていく時期には、3カ月なかった月経が4カ月目にふいに再開することもめずらしくありません。1年経ってはじめて「あれが最後の月経だった」とわかるものなので、閉経のタイミングを予測することはできないのです。

さらに誤解が多いのは、50歳という年齢です。これはあくまで平均であって、この年までに閉経する人は半数に過ぎません。ほとんどの人は56歳までに閉経すると言われており、満55歳以降に閉経にいたるものを遅発閉経といいます。経血が出ているうちは子宮内膜症のリスクが常にあります。閉経は遅いほどいいわけではないのです。

この誤解が何につながるかというと、子宮筋腫の治療です。筋腫とは良性のコブのようなもので、日本では30歳以上の女性の20～30％にこれが見られるため、婦人科で超音波検査をして「筋腫がありますね」と言われた経験がある人は少なくないでしょう。経血の量が多くなる過多月経やそれにともなう貧血、不正出血、腰痛などの症状があり、ホルモン治療のほか手術で筋腫を取り除く治療もありますが、できている場所や大きさによっては、経過観察をつづけることになります。閉経は女性ホルモンがほぼ分泌されなくなることを意味するので、できていた筋腫はそのうち自然と小さくなります。ゆえに経過観察中の患者さんに対し、「閉経まで逃げ切りましょう」と言われることが多いようです。

　たとえば、子宮筋腫で受診された48歳の患者さんがいたとします。過多月経で困っているようなので治療を提案したところ、「年齢的にもうすぐ閉経すると思うんで、このまま様子を見たい」と返ってきました。その方の想定では、あと2年前後で閉経することになっているのだと思います。しかしホルモン値を測っても兆候は見えず、またホルモン値だけではいつ閉経するかの予測は立ちません。1年後かもしれないし、7、8年後かもしれません。それまでずっと過多月経に耐え、貧血予防の鉄剤を飲むという生活を送りたいと思う人は少ないでしょう。ひどい場合は、大量出血によってショック状態になることもありえます。そして、閉経後の筋腫はひと回り小さくはなりますがなくなるわけではないので、お腹の上からさわってわかるほどのサイズだと、閉経後もボコッと出っ張って見えるでしょう。

閉経したからといってすべてが解消されるわけではなく、また閉経はいつになるかわからない。そう考えると、個々の症例にもよりますが、大きな筋腫や症状がある筋腫は早いうちに対策しておくのがベターだとわかります。

子宮を神秘化することの弊害

日本社会の一部ではいまも、子宮や月経に神秘性を感じて、本来の機能以上の意味合いをもたせる傾向があります。子宮を女性性の象徴だと考えると、妊娠や月経はその存在、役割を如実に感じるイベントです。閉経によって、子宮の役割はほぼ終わりを迎えます。だから「閉経すると、オンナでなくなる」という考えになるのでしょうか。男性に目を向けると、生殖能力は徐々に下がっていくとはいえ、「ここから先はその能力がゼロになります」という、はっきりとした境はありません。女性は閉経という区切りがあるからこそ、このような言説がいつまでもなくならないのでしょう。

閉経によってのみ、子宮の機能に幕が降ろされるわけではありません。子宮に疾患があると手術によって摘出することがありますが、そうするとその人は女性でなくなるのでしょうか。また現在、生まれたときに割り当てられた性別に違和があり、法的にも性別の変更を選択したいとなると、女性なら子宮、卵巣といった生殖器を摘出してはじめてそれが認められる、いわゆる「手術要件」があります。これも生殖器がその人の性を決定するという意味で、子宮に過度に意味をもたせる考えと大きく変わらないように思います。手術、特に臓器を摘出するような手術は身体への負担がたいへん大きいので、その必然性は慎重に考えられなければなりません。

また、医学の視点から考えると、女性の身体を機能させているのは子宮よりも卵巣です。そこから女性ホルモンが分泌され、骨を作り、コレステロール値を適切に保ち、循環器を機能させるからです。閉経するとその恩恵がなくなります。高血圧や脂質異常、骨粗鬆症などのリスクが上がるので、気をつけたいところです。

そして、閉経後は子宮体がんや卵巣がん、乳がんの発症率が上がります。子宮頸がんも忘れてはなりません。これは性交渉によってヒトパピローマウイルスに感染することで発生するがんで、20歳から2年に1回の検診が推奨されています。しばらくセックスをしていないと「自分は関係ない」と思いがちですが、感染から10年、20年経ってもがん化する可能性はあるので、決して他人事だとは思わないでほしいのです。閉経後に出血があると「月経が復活した」と思う人もいるのですが、それは不正出血です。なんらかの疾患のサインかもしれませんので、速やかに婦人科を受診してください。

このように、閉経後も婦人科との付き合いはつづきます。病気とは別に、閉経後は皮膚や粘膜が乾燥しやすくなるので、外陰部、内陰部のかゆみや不快感が出やすくなります。性生活に影響することもあるでしょう。がまんはしなくていいのです。医師に相談することで、いくつかの解消法を提案してもらえるはずです。

10〜40代をずっと、妊娠〜出産以外は婦人科と接点をもたずに来た女性が、50代になって気軽に婦人科に足を運ぶというのも考えにくいものです。できれば早いうちから「こんなことぐらいで」と思わずに、こまめに婦人科で相談する習慣をつけておいてほしいと思います。

男性更年期が気づかれにくい理由

女性の更年期は「更年期障害」と呼ばれるほど症状が強く出る人が少なくないことから、社会でも広く認知されていますが、男性更年期はまだまだです。医師にとっても医学生のときに習う機会がなく、試験に出ることもほぼありません。たとえばうつ病には自死のリスクがありますし、女性の更年期障害も抑うつ症状が強く出て自死にいたる人がいます。その一方で、男性の更年期はそこまでリスクが高いとは思われていなかったのでしょう。

男性の更年期もメカニズムは女性と同じで、40歳を過ぎたころからテストステロンという男性ホルモンの量が徐々に低下します。主に精巣と副腎から分泌されるホルモンで、筋肉の量、強度を保ち、認知機能や血管の健康に関係し、性行動や性機能に重要な役割を果たします。40代から減りはじめますが、そのスタート時期は女性の更年期と比べると幅が広く、より個人差が大きいといえます。減少の速さや度合いも人により幅があります。

女性のエストロゲンと比べるとテストステロンの減少はゆるやかですが、症状は共通するところが多く、ホットフラッシュやほてり、疲れやすい、倦怠感、イライラ、憂うつ、不眠、そして性欲の低下や勃起障害（ＥＤ）が見られます。40、50代といえば仕事も家庭も忙しい男性が多いでしょう。そこで「最近なんとなく身体がだるい」「よく眠れなくて、朝起きても疲れが取れない」「やたら汗をかく」「ちょっとしたことでカッとしてしまう」「以前と比べて性欲がわかない」という症状が出ても多忙のせいにしてしまい、本人も身近な人も、男性更年期に差し掛かったからではないかと気づきにくいと思います。

女性は月経周期の乱れなどがあり、更年期が比較的周知されてもいることから、「そろそろ更年期かも」と気づきます。毎月の月経を経験してきた女性だからこそ、身体の変化をキャッチしやすいという傾向もあるでしょう。また、女性同士で月経のことを話し、悩みをシェアしてきた人は、更年期症状についても人に相談しやすい環境が整っています。

対して男性は、身体の不調を弱みと感じる人が多いのではないでしょうか。これは社会が男性にそう要請してきたからだと思います。仕事をし、お金を稼ぎ、家族を養うという生き方こそが王道で、そこを歩いていくには心身ともに健康であることが第一とされています。道を外れることができないという思いは、身近な人にも弱みを見せないという選択につながります。また、男性は職場以外の人間関係が希薄であることも多く、プライベートでも身体についての悩みを人に相談しにくいのでしょう。

先に見たように、男性も更年期症状が強く出たことで離職する人が一定数います。更年期障害に気づき、自分で気づけない場合も周囲から声をかけてもらって、病院につながっていれば離職を防げたのではないか。その可能性は男女どちらにもあります。

男性更年期も、つらい症状があるならテストステロンの補充を行なうことで不調を緩和する治療が標準です。ところが、これまでの人生でホルモンのことを意識する機会があまりなかっただけに、どの病院に行けばいいのかわからない男性が少なくないようです。泌尿器科で相談するのがもっとも早いと思います。採血して男性ホルモンの値を確認し、分泌量が下がってきていると判断されれば、治療がスタートします。

ただ、気分が落ち込む、怒りやすくなるといった症状から、精神科を受診する男性も多いです。受診をすること自体はとてもいいのですが、女性の場合だと精神科や心療内科でも「その年齢だと更年期症状の可能性があるので、婦人科を紹介しますよ」と言われることがだいぶ増えました。けれど男性を診察するとき更年期症状の可能性を念頭において診る医師は、決して多数ではないと思われます。テストステロンを補充することで速やかに症状が改善することも多いのに、男性更年期という原因にたどり着けず、しんどさが長引くのはとても不幸なことではないでしょうか。

自分と、身近な人のために知る

このように見ていくと、男性更年期のしんどさの原因はホルモンにありますが、それをより深刻なものにしているのは、社会のあり方だと感じます。職場では、調子が悪いときに休みやすく、すぐに病院に行ける環境を整えること。コロナ禍を経たいまでは、不調があるときは在宅で仕事をするという選択肢があってもいいと思います。

これが実現すれば更年期の男性、女性だけでなく、すべての人が働きやすくなることは想像に難くないでしょう。女性であれば毎月のPMSや月経による不調があります。妊娠中は体調が常に変化します。また、小さなお子さんのお母さんお父さんは子どもの体調によってどうしても出社がむずかしいときがあります。介護を担っている人も、同様でしょう。そして自分自身が病気になる、怪我をする可能性は誰にでもあるのです。

健康課題がクリアできずに離職する、人材を失うような社会は、生きやすいとはいえません。私が産婦人科医として企業の研修に出向く機会は年々増えていて、企業側にも「知らなければ」という意識の高まりを感じます。きっと、いまは過度期なのです。

そしていま更年期の不調を感じている人、これから更年期を迎える人は、職場に産業医がいる場合、積極的に相談してもらいたいと思います。半休を取って、あるいは仕事を抜け出して病院に行くのはハードルが高く、それが理由で受診を先延ばしにする人は多いと思います。産業医であれば仕事の合間にもアクセスしやすいでしょう。そこで病院への紹介状が出れば、職場は従業員が速やかに受診できるよう調整する義務があります。

最後に、更年期を快適に過ごすためには、バランスの取れた食事や適度な運動、十分な睡眠といった、あたりまえのことがとても大事です。同じ症状が出ても、ストレスがあるのとないのとでは、感じ方は大きく変わります。ほかにも好きなことを見つけておく、仕事以外のコミュニティに参加して人とかかわる、というのも大きな意味があると思います。

更年期について知るということは、自分自身が適切に対処し、50歳からの人生を少しでも快適に過ごすための近道になるだけでなく、身近な人がその時期を迎えたときも必ず役立ちます。症状が重いと「自分ばかりがつらい」という気持ちに陥りがちですが、パートナーが協力的だったり、友人や職場の人からの気遣いを感じたりするだけで、乗り越えやすくなるでしょう。そのことが社会で広くシェアされてほしいです。

第2講

「セックス」〜思い込みを手放して仕切り直す〜

宋美玄（産婦人科医）

私が『女医が教える本当に気持ちのいいセックス』（ブックマン社、２０１０年）を書き下ろしたのは、いまから13年前になります。私を含む30代の女性たちで制作したのですが、当初、読者として想定していたのは自分たちと同世代から下の、20〜30代半ばの男性たちでした。

日本では、学校で性教育を十分に受けたと言える人は全年齢においてとても少ないのですが、この２０００年以後に中高時代を過ごした世代は、特に不足していると感じていました。ちょうど性教育やジェンダー教育に対して激しいバックラッシュが起き、教育現場が萎縮し、停滞しました。寝た子を起こし、セックスしようとあおる〝過激な〟性教育は行なうべきではないというのが、性教育を押しとどめようとする側の理屈でした。いままでも文部科学省の学習指導要領には、「受精に至る過程は取り扱わないものとする」「妊娠の経過は取り扱わないものとする」とあります。性行為は教えてはいけないことを遠回しに伝えるもので、「はどめ規定」と言われています。中学校では性感染症について学ぶことになっており、教科書にはコンドームの説明もあるのですが、セックスについて触れてはいけない……どうやって教えればいいのか、現場の先生は苦労されていると思います。

「セックスなんて、学校で習うものではない」という声は、現在もあります。性教育とはセックスだけを教えるものではありませんし、性行為についても何をどこまで教えるかには引き続き議論が必要です。けれど、学校で教わる機会がまったくなく、その後はどこで何を学べばいいかもわからないという状態は、とても危険です。将来セックスをすることになったとき、ルールがわからないまま試合に出るようなもので、不安でいっぱいでしょう。相手もそうだと、思わぬ衝突をして怪我することも考えられます。相手と気まずくなり、関係がぎくしゃくすることもあるかもしれません。だから、多くの人がセックスについて「知りたい」と思っています。知りたいのに、ちゃんと知ることがむずかしい。この状況は現在もあまり変わらないように見えます。

書籍の企画がスタートした2010年前後は、週刊誌を中心とした雑誌媒体で盛んにセックス特集が組まれていましたし、セックスのハウツーを指南する書籍もヒットしていました。ただしそこにある情報は玉石混淆で、受け手も何が正しくて何が間違っているのかわかっていない状態でした。女性たちから話を聞くと、AVをセックスのお手本のように考えている男性も少なくないことがよくわかりました。現在はAVはファンタジーであり、出演者は演技をしていることを制作サイドも発信していますが、12年前にはそんな動きはなく、多かれ少なかれ真に受けていた男性は確実にいました。また、ベストセラーになった指南本には、女性の身体について事実とは異なることがいくつも書かれていました。そこを刺激すれば女性は必ず快感に震えるといった解説は、女性の身体や快感の仕組みについて知らせるのが目的ではなく、男性がそんなシーンを想像して性的興奮を得るためのファンタジーとして書かれたものだったのでしょう。

性的コンテンツを楽しむこと自体が悪いわけではありませんが、現実と非現実の区別がつかない状態は望ましくありません。そこで仕入れたテクニックやプレイを実践されて痛い想いをするのは、当の男性ではなく女性のほうです。

もともと女性と男性とでは、性についての情報、そして性的コンテンツを見る機会に著しい差がありました。女性誌でもセックスの特集はありましたが、その頻度は男性誌と比べるまでもなく、知識を得たいと思ってもその手段が身近にない状態が女性にとっては長くつづいていました。こうなると、男性に何をされてもそれが間違っているとは気づきにくいものです。乱暴な愛撫でも「これで感じるはず」とパートナーから言われれば、そうならない自分はどこかおかしいのではないかと悩みます。

これは、単純に「男性が悪い」「性的コンテンツが悪い」という話ではありません。性的コンテンツが数多く流布していても、どんなに過激でも、それを受け取る側に性の知識がしっかり備わっていれば、ファンタジーかどうかの区別はつきますし、そう簡単に現実に持ち込もうとは思わないものです。これは、性教育が行なわれないことで生じる弊害のひとつだと感じました。性について誤解の多い男性と、性についての知識が乏しい女性とのセックスが楽しく、気持ちよく、お互いに充足感と安心感をもたらし合うものになるとは思えなかったのです。

そこで、産婦人科医として、そして性科学に基づいてカウンセリングを行なうセックスカウンセラーとして、女性にとっての「本当に気持ちのいいセックス」を男性に知ってもらいたいと制作したのが同書でした。解剖学の視点から女性の性器、性感帯を解説し、女性と男性とでは快感へのステップが異なることをグラフで表し、オーガズムとは何かを詳述し、適切なテクニックをイラストも使って詳しく説明しました。

発売後、驚くことがありました。想定していた読者層よりずっと年上の男性たちが同書を買ってくれているというのです。購買層の中心は、50～60代。ただ読んでくれるだけでなく、その感想を何枚もの便箋に書きつづり送ってくる男性や、お礼を言いたいと出版社に電話してくる男性があとを絶ちませんでした。

男性の誤解と、女性の知識不足

人の性行動は、いつ終わるという決まりがありません。動物にとってセックス、つまり交尾は生殖を目的としたものであるため、一部の動物を除いて発情期以外には交わりませんし、繁殖が不可能な年齢になれば自然としなくなります。けれど人間がセックスするのは繁殖以外に目的があることのほうが多く、だから終わりがないし、終わらなくてもいいのです。

婦人科は、月経・妊娠・出産に関すること以外にも、幅広い年齢層の女性の病気を見つけ、治療し、健康をサポートする専門科です。婦人科系疾患といわれるもののなかには、50代、60代でリスクが上がる病気もあるので、女性は婦人科とは一生のお付き合いをしてほしいと思っています。私は何歳の女性を診るときでも、「この人にはいまも性生活がある」という前提を忘れないようにしています。不調があって受診した女性が、なんとなく言いづらそうにモゴモゴしている、コミュニケーションを取るうちに実はセックスの悩みを抱えていることを明かしてくれる、ということがよくあります。こちらが「この年代の人はもうセックスしていないだろう」という態度で診察すると、その人は敏感に察知して悩みを引っ込め、話してくれなくなるでしょう。さらに言うなら、若いからといってセックス経験がある、定期的にセックスしているとは限りません。年齢によってその人の性生活を決めつけないよう、いつも心がけています。

そんな私でしたが、『女医が教える〜』に、50〜60代の男性たちから「もっと早くに知っておきたかった」「これまで女性につらい想いをさせていたかもしれない」という声が殺到したことに、軽い驚きを覚えました。上は80代の男性もめずらしくありませんでした。

人はいくつになっても性に関心があること、だけど現在の日本では、性についてごく基本的なことも教わる機会がなく、そのうえ学び直す機会もないことを実感しました。不安を感じる男性も少なくなかったということです。それさえあれば、相手と適切な関係を結び、セックスに誘い、誘われ、ふたりで気持ちよくなれる人はもっと多かったのではないでしょうか。

女性からも、たくさんの反響がありました。私からすると、同書に書いたのは「あたりまえ」のことばかりでした。ファンタジー化せず、都市伝説のような性感帯やテクニックで興奮をあおることなく、科学的事実に即して淡々と解説しただけです。その結果、幅広い年齢の女性たちが、「自分の身体のことなのに、まったく知らなかった」「知っていれば、これまでのセックスはつらくなかったかもしれない」と受け取ってくれたようです。

女性が自分の身体を知らないことは、診察の現場でもよく感じることです。外性器に違和感や不快感があって受診された場合、医師が性器を目で見て、必要があれば触診して患部を確認します。そのとき具体的に性器のどこに異変があるのか、説明できない女性は年齢が上になるほど多いです。女性器は男性器と違って自分の目で確認しにくく、さらに形状が複雑だという事情を差し引いても、明らかに知識が不足しています。わかってはいるけど恥ずかしくて口にできない、という人もいるでしょう。お子さんを何人も産んでいる女性でも、そうなのです。

つまり女性たちは、性器のことを知らず、なんと呼んでいいかもわからないまま、セックスでパートナーに身体を預けていることになります。これでは主体的にセックスするのがむずかしいことは間違いありません。

セックスの「思い込み」を捨てよう

では10年以上の時を経て、日本のセックス事情は変わったのでしょうか。男女ともに知識が底上げされ、多くの人たちがセックスを楽しめるようになったのでしょうか。

２０１０年代後半から、日本の性教育が大きく出遅れていることへの危機感が指摘されるようになり、学校での性教育を見直そうという機運が高まりました。家庭における性教育の必要性を感じる人も増えています。小さな子どもやティーンエイジャーを対象に、年齢に合わせて性について解説する絵本や書籍、コミックの発売が相次いでいます。しかしそれが子どもの手に届くかどうかは、親の関心度によるところが大きいです。学校も、熱心な養護教諭がいたり外部講師を招いたりして課外授業を行なうなど積極的に取り組んでいるところもありますが、学校ごとにバラつきが大きく、すべての子どもたちが一律に性教育を受けられているとは、まだまだ言えない状態です。そして、文科省の学習指導要領は、いまだ変わっていません。

そんななか、大人こそが性についての知識をアップデートできないでいるように見えます。学び直す機会もないので無理からぬこととは思いますし、生きてきた時間が長いぶん、社会にある価値観を取り込み、それが固定化しています。セックスについては男女ともたくさんの「こうでなければならない」に囚われたままでいる――そう思えてなりません。たとえば、男性は据え膳を食わなければならない、男性は女性をイカせなければならない、女性は男性の愛撫に応えて濡れなければならない、前戯から始めて挿入をし体位を何度か変えた後にフィニッシュしなければならない……。

こうした思い込みは、お互いの心身とじっくり向き合うことの妨げとなります。情報で頭がいっぱいになり、目の前の相手をよく見なくなるからです。それと同時に、自分の身体への自信を失わせているようにも感じられます。セックスに限ったことではありませんが、ルールや決まりごとにがんじがらめになると心から楽しめません。それがただの思い込みに過ぎないのなら、なおさらです。

50歳前後は、男女とも身体に変化が訪れる年齢です。女性は40代半ばぐらいから卵巣の機能が低下し始め、女性ホルモンの一種、エストロゲンの分泌量が減り、着実に閉経へと向かいます。この時期を更年期と言い、さまざまな不調に見舞われる人も少なくありません。男性も、テストステロンという男性ホルモンの分泌量が減ります。女性と比べると減り方はゆるやかですが、女性と同じような更年期症状が出る人もいます。

これは生殖機能の終わりを意味します。性ホルモンにはさまざまな働きがあり、女性も男性もそれによって身体が機能して健康が守られていますが、基本的には妊娠する、させるために分泌されているホルモンだからです。それがなくなることで、生殖器、性機能の変化を実感する人も少なくありません。とはいえ、下半身だけが特別なわけではないのです。20、30代のときと比べて体力がなくなった、視力が低下した、肌の弾力が失われシワが増えた、脂っこいものを食べた後の消化がいまひとつになった……これまで特に気にすることなくできていた、たくさんのことができなくなる。それと同様に、セックスもこれまでと同じようにはいかなくなります。

一般的に加齢はネガティブに捉えられがちでしたが、近年では誰にでも起きる自然な現象であるからポジティブに受け止めようという動きも見られます。人生100年時代と考えると、長い長い後半戦を暗い気持ちで過ごすのを避けたいと思っての変化でしょう。身近なところでは、白髪は以前は加齢の象徴のように思われ、染めたり隠したりされてきましたが、自然の状態こそが美しいというグレイヘアが定着したのも、その一例でしょう。セックスにおいても同様で、加齢は必ずしもネガティブな出来事ばかりではないと思います。これまでのようにはできないということは、思い込みを捨てる絶好のチャンスと、とらえることもできます。

50歳というのは、そのよい節目ではないでしょうか。衝動に突き動かされるようにしてセックスしていた人も、その頻度が低くなったり程度が弱まったりします。いくつになっても旺盛な性的欲求を感じる人はいますが、それでもだんだん目減りしていきます。そんななかでセックスをしたいと思うなら、いまのうちに「しなければならない」を手放し、考えをシフトしておいたほうがいいと思います。

男性器中心主義セックスからの卒業

まず最初に見直したいのが「いつまでも性的に元気でなければならない」という思い込みです。この〝元気〟は、性的欲求を感じ、セックスを完遂できるまでの性機能が維持されている、というイメージのことです。そして完遂とは男性の射精を意味することとして、ひとまず話を進めます。

先述したとおり、性欲は年とともに低下していきますが、これは性欲を司《つかさど》る、テストステロンの分泌量が低下するからだと考えられています。男性ホルモンの一種ですが、女性も少量のテストステロンが分泌されています。「セックスしたい」という欲求は、もとも

図2-1　セックスしたいか（「ジェクス ジャパン・セックスサーベイ2020」より）

（％）

			思う・計		思わない・計	
			良く思う	たまに思う	あまり思わない	まったく思わない
性年代別	男性	2,514	36.5	41.4	15.8	6.4
	20代	397	42.0	27.9	16.7	13.4
	30代	496	37.8	39.8	16.7	5.7
	40代	583	43.0	42.9	9.9	4.2
	50代	484	38.0	43.2	13.6	5.2
	60代	554	23.1	49.3	22.3	5.3
	女性	2,514	9.6	31.8	33.2	25.4
	20代	382	18.3	41.9	26.2	13.7
	30代	486	14.2	43.1	31.0	11.7
	40代	574	10.2	38.1	32.4	19.3
	50代	493	3.9	26.8	33.6	35.6
	60代	579	4.2	13.8	40.0	41.9

と男女差が大きく、年齢が上がるごとにその差はますます開いていきます。20～69歳の男女、約5000人を調査した結果、「セックスしたいか」という問いに対して、「良く思う」「たまに思う」と回答したのは、50代男性で81・2％、60代男性で72・4％だったのに対して、50代女性は30・7％、60代女性は18％という結果が得られました。この年代を見ると「したい男性と、したくない女性」という構図に見えますが、私が日ごろ、クリニックで女性からセックスの悩みを聞いている実感もこれと同じです。

　セックスはしたいとあまり思わなくなったけど、肌と肌を重ねたいと思っている女性は一定数います。その妨げとなっているのが、男性の「性器は大きく」「挿入時間は長く」

という思い込みです。これは男性だけが囚われているもので、女性からすれば、男性器があまりに大きいと挿入時に痛みが出やすく、挿入時間が長いと膣の潤いがなくなるため、これまた痛みにつながります。この男女のすれ違いについて、私は『女医が教える～』を出版して以来もう数え切れないほど発信しているのですが、男性に届いているという手応えがありません。これは男性同士で、大きさや挿入時間の長さを賞賛する一方で、サイズが小さく、早く射精することを「劣っている」と見なす文化があるからだと思います。本来なら抱かなくてよいはずのコンプレックスを抱きつづける男性がいて、それによって苦痛が発生している女性がいる……この思い込みで幸せになっている人はいないように思います。

これだけ性器のサイズと、挿入時間が取り沙汰されるのは、セックスを男性器中心に考えていることの表れでもあります。挿入こそがセックスで、それは射精で締めくくられるというイメージは男性だけでなく、実は女性にも広く共有されているのではないかと思います。女性が「セックスは好きではない」「気持ちよくなったことがない」というとき、それはたいてい挿入行為のことを指しています。「前戯は好き」「挿れる前までは気持ちいい」という女性は少なくありません。

「いつまでも元気でいなければならない」という思い込みを、男性が早々に捨てたほうがいいのは、これは裏を返せば「元気でなければセックスできない」ということになるからです。先述したように更年期に差し掛かったということは、生殖機能の終わりを意味します。女性は平均50歳で閉経を迎えますが、男性ははっきりとしたピリオドが打たれるわけではありません。それでも思うように勃起しなくなり、挿入できても射精まで勃起を維持できなくなり……といった具合に、性機能が次第にフェイドアウトしていきます。その時期は個人差が大きく、50歳前後だとまだ実感できない人も多いかもしれませんが、いつかは勃たなくなる日がくるのです。「勃起・挿入・射精ができない」＝「セックスできない」となり、自縄自縛の状態に陥ります。そのことを恥と感じ、知られたくないと思いパートナーに触れなくなる男性もいます。これを相手が「自分に魅力がなくなったからだ」「何か悪いことをしたのかもしれない」と受け取って、知らない間に距離が開いていく……これはとても寂しいことです。

いつもフルコースでなくていい

勃起できなくなったらセックスを卒業する、というのもひとつの考え方かもしれません。女性も、更年期以後に「もうセックスはなくていい」という人が多いです。それでも性的な触れ合いをつづけたいと思うなら、セックスの定義をもっと広げて考えてみてはいかがでしょうか。勃起・挿入・射精のセットに囚われないセックスです。

射精までいたらなくても「今日は挿入できた」と喜ぶことはできますし、勃たなくても性器を触れ合わせてお互いに穏やかな快感を得ることはできます。それはそれで、とてもエロティックな行為です。むしろ、セットばかりに重きを置いてきた人は、このエロスに触れる機会をみすみす逃してきたとも言えるくらいです。同年代の女性であれば、同じく性ホルモン分泌量の変化から、濡れにくくなったり挿入時に痛みが出やすくなったりしているため、挿入をメインとしないセックスは、女性にとっても願ったり叶ったりという可能性もあります。挿入できないことで、触れ合いまであきらめなくていいのです。

身体が思うようにならなくなってからのセックスを、食と同じだと考えてはいかがでしょうか。年齢とともに消化機能は低下し、以前よりも食が細くなるものです。若いころは焼き肉をお腹いっぱい食べても平気だったのに……と一抹の寂しさがあるかもしれませんが、「胃もたれするから、今後焼き肉は一切食べない！」というのは極端な選択です。量を調整したり、脂質が少ない部位を選んだり、野菜も多めに注文したりといった、「いまの自分の身体」に合わせた注文をすれば、今後も焼き肉を楽しめるでしょう。

また、焼き肉は常にフルコースで注文しなくてもいいのです。好きなものを2種類だけオーダーして、満足したらその日はそれで終わり。セックスも常に、前戯から始まり、正常位で挿入して、途中でバックに切り替えて、頃合いを見て射精する……というフルコースで考えると、「それができないなら、しない」となりがちで、これも極めてもったいないことです。気分や体調に合わせて、今日は裸でハグをするだけ、お互いの性器に触れるだけ、挿入はするけど疲れを感じたらおしまいなど、アラカルトで楽しむ。無理のない触れ合いは、双方に負担が少ないのでやめる理由もなく、長続きします。

バイアグラに代表されるようなＥＤ治療薬を取り入れるのも、ひとつの手段です。薬にはほかにシアリス、レビトラといった選択肢もありますが、それぞれ服用するタイミングや効果の持続時間に違いがあるので、調べたうえで自分に合ったものを選択する必要があります。自己判断せず、泌尿器科医に相談しましょう。そして、パートナーの意見を聞くことも忘れないように。相手はもう挿入を望んでおらず、勃起・挿入・射精のセットから触れ合い中心に移行したいと考えているかもしれません。性機能の低下は自分ひとりの問題でなく、セックスに相手がいる限り、ふたりの問題です。自分の判断が相手への押し付けになっていないかということは、常に注意をしなければならないところです。

オーガズムへのこだわりは禁物！

「男性は女性をイカせなければならない」も根強くある誤解だと感じます。『女医が教える本当に気持ちのいいセックス』というタイトルを見て、女性をイカせるためのテクニックが書いてあると思った男性は多かったようです。しかもその場合のオーガズムは、「男性器を挿入したことによるもの」というのが前提とされていたように感じます。男性のオーガズムと比べると女性のそれは複雑かつ偶発的で、確実にイカせる方法というのは「ない」と言い切れます。にもかかわらず同書の発売後は、メディアからの取材依頼は「女性が確実に感じる性感帯」や「イカせるポイント」を教えてくださいという内容が相次ぎ、男性は男性で「女性を感じさせないのは男としてダメだ」というプレッシャーを感じているのだと、よくわかりました。勃起・挿入・射精のセットを手放す際は、このプレッシャーからも自由になってほしいと思います。

ここまで繰り返しているとおり、更年期以降の女性は潤いが不足しやすくなるので、挿入行為はこれまで以上に慎重さ、丁寧さが求められるようになります。挿入を望まない女性も増えていくなか、ただでさえ難易度の高い挿入によるオーガズムを期待されるとなると、これは女性にとってもプレッシャーになります。オーガズムを目指すこと自体がいけないというわけではありませんが、お互いの身体を知り尽くして息も合ったふたりが、コミュニケーションを綿密に交わし、時間をかけてトライしたうえでも、実現するかどうかわからないということは心得ておいたほうがいいでしょう。

オーガズムは「快感の頂点」です。男性はそれが射精という、とてもわかりやすい状態で起きますが、女性の場合は何をどうすればそこに到達し、そのときどんなことが起きるかが男性からすればわかりにくいので、探求したくなるのでしょう。

快感の頂点という意味では、女性にはクリトリスがあります。「快楽のための器官」とも言われるぐらい、性的に敏感です。クリトリスは目で確認できる豆粒のような部分だけでなく、そこから2本の脚のようなものが伸び、膣に巻き付いていることがわかっています。クリトリスが刺激を受けて性的に興奮すると、その脚の部分にある海綿体に血液が流れ込み、オーガズムにいたると膣を外側から締め付ける……つまり〝中〟も気持ちいいのです。クリトリスの刺激は「触れるか、触れないか」という強さから始め、乱暴にしないということさえ心がければ、女性の身体への負担にもなりにくいと考えられます。「男性器の挿入による膣でのオーガズム」に導くことに使命感を燃やし、そこに時間を割くよりも、クリトリスのオーガズムを目指したほうが女性の満足度は上がります。

女性には女性で、「男性の愛撫に応えて濡れていなければならない」という思い込みがあると感じます。性的興奮が高まると、膣の内側の壁から分泌液が染み出してくる状態を「濡れる」と言いますが、その量はもともと個人差が大きく、さらにはひとりの女性でも、よく濡れるときと濡れないときがあります。更年期以降は全般的に濡れにくくなり、これは性ホルモンの減少によって膣や外性器が乾燥しやすくなることが主な原因です。それに加えて、性的興奮の低下や、挿入で痛みが出るのではないかという恐怖心などが重なっている場合も多いと思います。現在の50歳前後といえば、仕事に子どもに介護にと、公私ともに多忙です。気がかりなことがあって、セックスに集中できないときもあるでしょう。そんなときは、濡れなくて当然です。

性ホルモンの分泌量が減ると、膣のコラーゲン成分も減っていきます。それにより、膣内の弾力が失われたり、ゆるみが生じたりします。挿入による衝撃を受け止めることができなくなるので、これも痛みが生じる原因となります。挿入時に痛みが出ることを「性交痛」と言いますが、私のクリニックでも、性交痛の訴えで受診される50歳以上の女性はめずらしくありません。

この解消にはいくつか方法があり、ひとつはホルモン補充療法（ＨＲＴ）です。更年期でつらい症状が出る人にすすめられるもので、主にエストロゲンを補充します。それによって症状を抑えながら閉経を待つというものですが、外性器、内性器の乾燥も緩和されます。私はクリニックで、潤い不足や性交痛でお悩みの女性に微量のエストロゲンを含んだ錠剤「エストリール」もよくおすすめしています。直接、膣に入れて使います。閉経後の女性のほうが、効果を感じやすいようです。

また、男性のＥＤ治療薬として処方されるシアリスは、女性の性欲アップ効果も期待できます。私のクリニックでは、月経があるうちはエストロゲンが分泌されているのでＨＲＴやエストリールで効果を実感しにくい女性や、「楽しみたいんだけど、以前より気分が盛り上がらない」と相談される女性に、よく処方しています。

「濡れない」への多様なアプローチ

濡れづらい、性交痛があるという状態を、丁寧な愛撫でカバーする。その考え方自体は前向きかつ適切だと思いますが、身体の反応というのは必ずしも思いどおりにいくものではないので、努力が必ず実を結ぶとも限りません。そして、濡れにくい状態をカバーするためにかける時間を短縮し、気持ちいい時間を長く過ごすほうが、トータルの満足度は上がると思います。

そこで提案したいのが、潤滑ジェルです。男性器の先端や、膣の入り口に少量を塗布し、挿入をスムーズにすることを目的とした専用ジェルが、現在は多数市販されています。これを採り入れるときの注意点は2点あり、ひとつが成分です。まず、成分が記載されていないものは避けること。そして、ポリアクリル酸ナトリウムが含まれていないものを選んでください。これはヌルヌル感を出すための成分ですが、水分を含むとカスのような状態になります。女性の膣は直接洗うことができないのでカスが残り、膣炎の原因などになります。近年はオーガニック成分のみを使用した潤滑ジェルも販売されています。女性の粘膜に直接触れるものなので、女性主体で選ぶのがいいでしょう。

ふたつめは、「潤滑ジェルを使えばすべて解決するわけではない」ということです。あくまで挿入時の滑りをよくするものでしかなく、それだけで興奮が高まるわけでもなければ、膣の弾力低下をカバーできるわけでもありません。滑りがよくなったからといって、男性器をいきなり奥まで勢いよく挿入すると、子宮膣部を直撃し、強い痛みにつながることがあります。潤滑ジェルは、丁寧なコミュニケーションと愛撫で、女性の興奮を高めたうえで使い、挿入をちょっと助けてもらうだけ。そのぐらいの感覚で使うものです。

近年は「フェムテック」が注目されています。Female ＋ Technology の造語で、月経、妊活、妊娠、出産、更年期など女性特有の健康課題をテクノロジーで解消するための、商品やサービス群を指します。2016年のドイツから始まり、日本では2019年ごろから話題を集めるようになりました。しかし、このジャンルはまだ端緒を開いたに過ぎず、画期的なものもある一方で、注意して付き合う必要があるものも多いと思っています。

性器周辺をケアするためのアイテムは「フェムケア」と総称され、フェムテックの一環としてメディアで採り上げられることもあります。デリケートゾーン専用の洗浄剤や保湿剤は、乾燥によるかゆみをはじめとした不快感の解消には効果が期待できるでしょうし、私もクリニックでおすすめしている商品があります。しかしなかには、膣内に塗布しつつマッサージすることをすすめるものや、そうしないと女性の健康や性生活に悪影響を及ぼすと謳うものまであります。外性器や膣のマッサージは特にする必要がありませんし、するとしても成分は気をつけたいところです。

婦人科でも、膣のゆるみを相談すると「膣ハイフ」「モナリザタッチ」といわれる施術をすすめられることがあるかもしれません。これはスティック状のものを挿入し、そこから高密度の超音波などを放出するものです。膣の内側に小さなダメージを与えると、粘膜が修復するときにコラーゲンが再生されるため、膣がふっくらしてゆるみも解消され、いわゆる「締まりがいい」状態になるといわれています。実際これにより性交痛から解放されセックスを楽しめるようになったという人の話も聞きますが、施術が高額であり、半年ぐらいで元に戻ることも考慮したほうがいいと思います。ほか、ゆるみについては外科手術で縫い縮めるという方法もあります。

こうした施術を採り入れるか、いまの自身の身体でできることをパートナーと共に模索するかは個人の自由です。

「したくない」セックスは心を蝕む

ここまで「しなければならない」という思い込みを捨てましょうと提案してきましたが、セックスには「すべきこと」もあります。それは、お互いがセックスをしたいかどうかの確認を取り合うことです。これを「性的同意」といいます。夫婦や恋人でも、セックスをして当然ということはありません。

そもそも24時間365日、いつでもセックスをしたい人はいないでしょう。そのときの気分、状況、体調によってしたい、したくないがあり、したいときでも「ここまではしたいけど、今日は挿入はパスしたい」というようなことがあるものです。相手のそれを確認しないまま、自分の「したい」だけで性行為を始めない。これは本来であれば学校や家庭での性教育で、早いうちから習うべきことです。子どもの場合は、「お友だちと手をつなぎたいときは、『つないでいい？』と聞いて『うん』って言われてからにしようね。『いや』って言われたら、無理に触れてはダメだよ」という形で伝えられることが多いです。

日本では、はっきりと同意を確認することを無粋と見る風潮もありますが、その感覚はアップデートすべきだと思います。「したい」側にとってだけの都合がいい考え方で、実は「したくない」と思っている側の想いをないがしろにしているに等しいからです。

クリニックで女性たちから性生活について相談を受けていると、セックスをする意欲がある女性たちの相手は、新しくできた恋人、パートナーで、しかも自分より年下というケースが多いことに気づきます。長年連れ添ったパートナーとは離別や死別し、新たな出会いがかなった結果、相手からの求めに応えてあげたい、というのがひとつの典型です。

その背景には、これまでのパートナーとはセックスを楽しめてこなかったという事情があることが多いです。したいと思ったことはない、義務的に応じるだけだった、気持ちいいと思わなかった、相手にどうしてほしいかもわからなかった——。したくないならしなければいい、という単純な話ではなく、拒むと相手が不機嫌になるので、それもできない。ただ夫の勃起・挿入・射精が終わるのを待っているのが自分にとってのセックスだった、という話を聞くたび、そうした時間で心を削られた女性がどれだけいるだろうと思い、胸が痛みます。主体的に望んでいない相手にセックスを強いることの負担は、もっと知られるべきだと思います。

新しいパートナーの求めに「応じたい」というのは、主体的ではないと思われるかもしれませんし、それぞれの人たちがどこまで「したい」と思っているのかは私のほうでも計り知れないところがありますが、ひさしぶりのセックスを前に身体の悩みを解消しにクリニックにまで来るという具体的なアクションをしているところに、強いモチベーションを感じます。受け身ではあるかもしれませんが「相手に求められるから応じたい」でも「自分が性欲を感じて、したい」でも、本人が納得し、お互いにそのことを確認できていれば問題ないと思います。

「NO」が言いにくい状態での「YES」は、意味がなく、またセックスすることにYESと応えたからといって、何をしていいわけでもありません。日ごろコミュニケーションがよく取れている者同士が、セックスのときだけディスコミュニケーションになることは考えにくく、逆もまた然りです。ベッドの中と外の関係は、リンクしています。そこで求められるのは、対等な関係です。これは年齢差や収入差とは別の話で、そうした格差があっても、常にお互いを尊重し、相手の「NO」を聞いて受け入れること。それが対等な関係です。

もうひとつ「すべきこと」は、安全を守り相手の安心を得ることです。女性は閉経するまでは妊娠の可能性があります。40代の中絶は、実は多いです。さらに妊娠の心配がなくなって以後も、男女ともに性感染症のリスクはあります。リスクをできうる限り排除し、お互いの安全と安心を確保しないうえでの同意もまた、ありえません。

性的嗜好をふたりで追求する

長年連れ添った同士で途切れることなくセックスをし続けているカップルは、私が公私ともに見聞きした範囲内ですが、とてもまれです。そうしたカップルには共通点があり、ひとつは対等な関係を築いていること。もうひとつは「お互いに楽しもう」という努力、つまりセクシュアルプレジャーをふたりで追求していることです。

多忙な毎日、仕事も生活もしていかなければならないなかで、セックスの優先順位が下がるのはむしろ自然なことだと思います。「それでもなくさないのだ」という強い意思がないと、維持できないのがセックスです。そのために、自分の嗜好、そして相手の嗜好を知り、ふたりでそれをすり合わせたうえで、一緒に楽しむといった姿勢は欠かせません。特に女性は年齢が上になるほど、自身の嗜好が何かをわかっていない人が多いです。女性が性に関心を持つことをよしとしなかった時代が長く続いた影響でしょう。

ややアブノーマルなプレイでも、ふたりともが了承していれば構いません。相手の好みでないプレイを押し付けることはできませんが、「やってみたら意外に楽しいかもしれない」ぐらいの気持ちで何度かトライするのも一興だと思います。昨今のプレジャーグッズ……つまりバイブレーターなど、かつて〝大人のオモチャ〟と呼ばれたものですが、男女の別なく使えるものもあり、高性能かつバラエティ豊かなので、嗜好に合うものが見つかるかもしれません。

ほとんどのカップルにおいてセックスの興奮は最初の1回がピークで、徐々に目減りしていくものです。そのときのドキドキは取り戻せませんが、お互いに嗜好を持ち寄り、歩み寄ることとは、それにも勝る歓びになる可能性を秘めています。

最後に「セックスをしなければならない」という思い込みも、手放してほしいと思います。不本意な性行為を強いられてきた女性からの相談で多いのが、「もうセックスを卒業したい」というものです。もともと欲求がなく、しかも身体的に受け入れづらくなっている。今後の人生にセックスはいらないと思っている女性は少なくありません。夫から求められることを「怖い」というほど深刻な方もいます。

私はそんな女性に、「病院に行ったら医師から『更年期になって（または閉経して）体質が変わったから、無理にセックスしないほうがいい』と言われた」と相手に伝えるようアドバイスすることもあります。実際には更年期でも閉経後でもセックスを楽しむことは可能ですが、それはしたい人がそうすればいいだけです。嘘も方便というわけではありませんが、本来ならこうしたことを言わなくても済むよう、相手の「したくない」を尊重する関係を築いてほしいと思います。

第3講

「パートナーシップ」〜相手への尊重と傾聴〜

太田啓子（弁護士）

私は弁護士として、離婚事案を多く担当しています。私自身に離婚歴があり、2児を子育て中ということもあってか、妻側からの依頼がほとんどです。

世の中には円満離婚という言葉もあり、お互いが納得したうえで婚姻関係を解消し別々の道を歩んでいく人たちもいますが、協議によってでなく、弁護士に依頼し調停を申し立ててでも離婚したいという人もいて、その場合の決意は軽いものではありません。今後パートナーとして生活をしていくのはむずかしい、いや、もう無理だというものです。しかも昨日、今日思い立ったことではなく、もう何年も夫婦関係に悩んだ末の決断で、「ネットで弁護士を探し始めたのが2年前で、やっと気持ちが固まりました」と話してくれる人もいます。

しかし、夫はこれを青天の霹靂だと感じます。妻の代理人として私から、これから離婚調停が始まる旨を知らせる手紙を送っても、すぐには信じません。「弁護士がお金ほしさにけしかけたんだろう」「実家の親に吹き込まれたんじゃないか」、果ては「そうか、ほかに男ができたに違いない！」と想像をふくらませていきます。そんな事実はないと伝えても耳を貸そうとせず、妻が離婚を望むはずがないと思い込みます。しかし目の前には「妻が家を出ていった」という現実があり、自分のなかで整合性をつけるため、なかば無理やりにアナザーストーリーを編み出しているのでしょう。

なかにはアポイントを取らずにいきなり私の事務所を訪れ、「俺が悪かったと、妻に伝えてほしい。悪いところは改めるから帰ってきてほしい」と号泣しながら、反省と謝罪の言葉を繰り返す男性もいます。弁護士には、クライアントへの報告義務がありますから、「こうおっしゃっていました」とそのまま報告するわけですが、それまでの経過から夫への不信感や恐怖感が強い妻が簡単に気持ちを変えることはありません。ここまで言えば変わってくれるのではないかという期待が何度も裏切られたという経験を経てようやく弁護士に相談するにいたった、という妻の決意の強さは生半可なものではないのです。それで私が「夫さんがこうおっしゃっていました」と伝えても、「いつもそういうの口先だけで本気じゃないんです。怖くて信じられません」と妻は気持ちを変えず、夫のところに戻りません。謝罪したはずなのに妻が帰ってこない、となると今度は夫から「こんなに謝っているだろう！　なんでわからないんだ！」「弁護士がちゃんと伝えてないんじゃないのか！」と激昂されることもあります。

こう書くと、その男性らは常軌を逸した人物だと思われるかもしれませんが、実際には、「ごく普通の」という表現がぴったりあてはまる人ばかりです。友人や職場の同僚たちは、彼が妻や子にＤＶやモラルハラスメント（モラハラ）をして離婚を申し立てられたと知ったら、「まさかあの人が」と言うでしょう。家で妻や子にＤＶやモラハラをする夫も、一歩家を出れば毎日まじめに出勤し、仕事をし、「いい人」と言われるような男性も多いです。決してモンスターではないのです。

私はこうした離婚事案のあり方に、日本社会がいま抱えている問題がいくつも象徴的に現れていると考えています。結婚や離婚はとても個人的なイベントではありますが、同時に極めて社会的な行為でもあります。社会というマクロの単位で起きていることと、家庭というミクロの単位で起きていることが相似形を成しているのです。社会の構造に歪みがあれば、家庭にもそれが現れます。〝特異なモンスター〟だけの問題と考えると、そこが見えなくなります。

私たちは物心ついたときから、社会のなかに組み込まれた存在です。子育てをしていると、そう感じることが多いです。親が「こんなふうに育てたい」と思っていても、子どもには子どもの気質がありますし、社会から――つまりたとえば周囲の大人から学校から友だちからそしてメディアから、さまざまな影響を受けます。子どもにはジェンダーバイアス――女性はこう、男性はこうと性別についての固定的な価値観を持ってほしくないと注意しながら育てていても、幼稚園や保育園に通うようになるとどこかでその価値観に触れ、「男の子は泣かない！」「ピンクは女の子の色」と言い始める、という話はよく聞きます。

DVやモラハラをする夫たちに共通して見られる価値観も、そのように社会からインプットされたものだと考えられます。なぜなら、離婚事案の現場で目の当たりにする彼らの言動は、驚くほど似通っているからです。先述した、妻の話を信じずアナザーストーリーを作り出すのも、そのひとつ。ほかにも、弁護士や裁判所の介入を嫌って「妻と直接話せばわかりあえる!」と直接の対話を要求したり（同居中、「対話」で妻をねじ伏せてきていて、妻は言いたいことを言えないままだったという認識がまったくないのでそれをまたやろうとするのです）、「愛しているんだ、悪いところは全部直すから戻ってきてほしい」と泣いたり、それでも妻の決意が変わらないと知ると「自分がここまで謝っているんだから許さないなんておかしいだろう!」と一転して怒りに転じたり……。どこかにマニュアルがあってそれを読んでいるのではないかと思ってしまうほどです。ちなみにDVやモラハラは男性だけが加害者になるわけではなく、女性がそうなることもあります。妻から夫への、加害行為です。これはこれで許されざることなのですが、女性たちの言動には共通点が少なくパターン化しづらいと感じます。社会によって女性にすり込まれたものより、その女性の個性・気質による部分が大きいからではないかと思っています。

マニュアルはないにしても、男性が社会から同じ価値観をインプットされ、それがDVやモラハラにつながっていることは明らかです。結論から言うと、その価値観とは「性別役割分業」、すなわち「男性は外で働き、女性は家庭を守るべきである」という考え方です。彼らも、少なくとも、最初から意図的に妻を苦しめようとして結婚したわけではないだろうと思います。主観的には「愛していた」のだと思います。しかし土台に性別役割分業の価値観があり、それをアンインストールできなかったため、関係性の構築、そして成熟が妨げられたのでしょう。

円満な関係のために手放すべきもの

現在「アンラーン（unlearn）」という考え方が注目されています。学び直しや学習棄却、学びほぐしと訳されますが、過去に学習したことからくる思考のクセや思い込みを手放す、という意味で、それをしてはじめて新たに成長する準備が整うのだそうです。

50歳を人生の節目と感じている人は多いと思います。人生後半戦をどう生きるか、誰とどのように歩んでいくかを考える、ひとつのタイミングとなるのでしょう。現在はシングルで、これから先に新たなパートナーと出会い、関係を築きたいと望んでいる人もいると思います。これまで生活を共にしてきたにしろ、出会ったばかりにしろ、円満で、安定した関係を求めているのではないでしょうか。

であれば、最初にアンラーンすべきは、この性別役割分業の価値観です。

「そんなの過去の価値観では？」と首をひねる人もいるかもしれません。これが前時代的な価値観だと感じられるのには、現在の50歳前後の人たちが子どものころは、共働き世帯より専業主婦世帯が圧倒的に多い時代だったことも関係しているでしょう。現在は、女性が生涯仕事をもつことはあたりまえとなっています。時代は変わっていることを身をもって感じた世代なのです。

性別役割分業は過去のもの。私も、そうであってほしいと思います。しかし残念なことに、いまでもしっかり温存されています。法律によって雇用におけるあらゆる差別が禁止されるようになりましたが、現実には女性の管理職の割合はほかの先進諸国と比べるとワーストレベルに少ないです。女性は出産や育児でキャリアが中断してしまうだけでなく、性別を理由に素質や実績が十分でも不当に昇進を阻まれてしまう現象があり、これを「ガラスの天井」と言います。国会中継を見ると年輩の男性議員ばかりなのに対し、新型コロナウイルスの蔓延で注目されたエッセンシャルワーカーは圧倒的に女性が多いというのも、「性別によって役割が違う」という考えからきています。

社会のなかに〝あたりまえ〟のようにある価値観、空気のように漂っている価値観に、人は疑問を持ちにくいもので、そうとは知らないまま吸収します。私がそのことに危機感を覚えた大きなきっかけは、息子ふたりの子育てです。

男の子の育児には、こんなにも幼いころから社会から「男らしさ」を押し付けられるのかと驚くことがたくさんありました。私自身は三姉妹の長女として育ったので、「男らしさ」の押しつけに気づきにくかったのですが、私は私で「女らしさ」のイメージをすり込まれ、それに苦しんできたところはたくさんあります。息子たちは、私とは違う角度からこの問題にぶつかることになるだろうと、息子たちの幼少期から感じていました。幼いうちに身につけさせられたこの価値観は、社会に出るとさらに強化され、成長してからの人間関係に影響を与えるのではないか。そのなかにDVやモラハラにつながる要素があるのではないか。そんなことを考えながら書き下ろしたのが、『これからの男の子たちへ「男らしさ」から自由になるためのレッスン』（大月書店、2020年）です。

そのなかでタレント・エッセイストの小島慶子さんと対談する機会に恵まれました。小島さんも男児の母親です。そこで私から、こんなお話をしました。

「同じ性別役割分業意識も、息子と娘への影響のあらわれ方はやはり違って、息子たちは素直に内面化して『男』に育つけれど、娘たちは『学業や職業での成功』と『女としての成功』というふたつの価値に引き裂かれていく」

性別役割分業の価値観を内面化し、「男らしさ」のイメージに囚われがちな男性には「男らしさ」に対する疑問が乏しいからだろうと思います。「男らしさ」とされるものの内実は、学業やスポーツ、仕事で競争に勝ち成功することなど、一般に好ましい、ポジティ

図3-1 男女別に見た生活時間（「男女共同参画白書」令和４年版より）

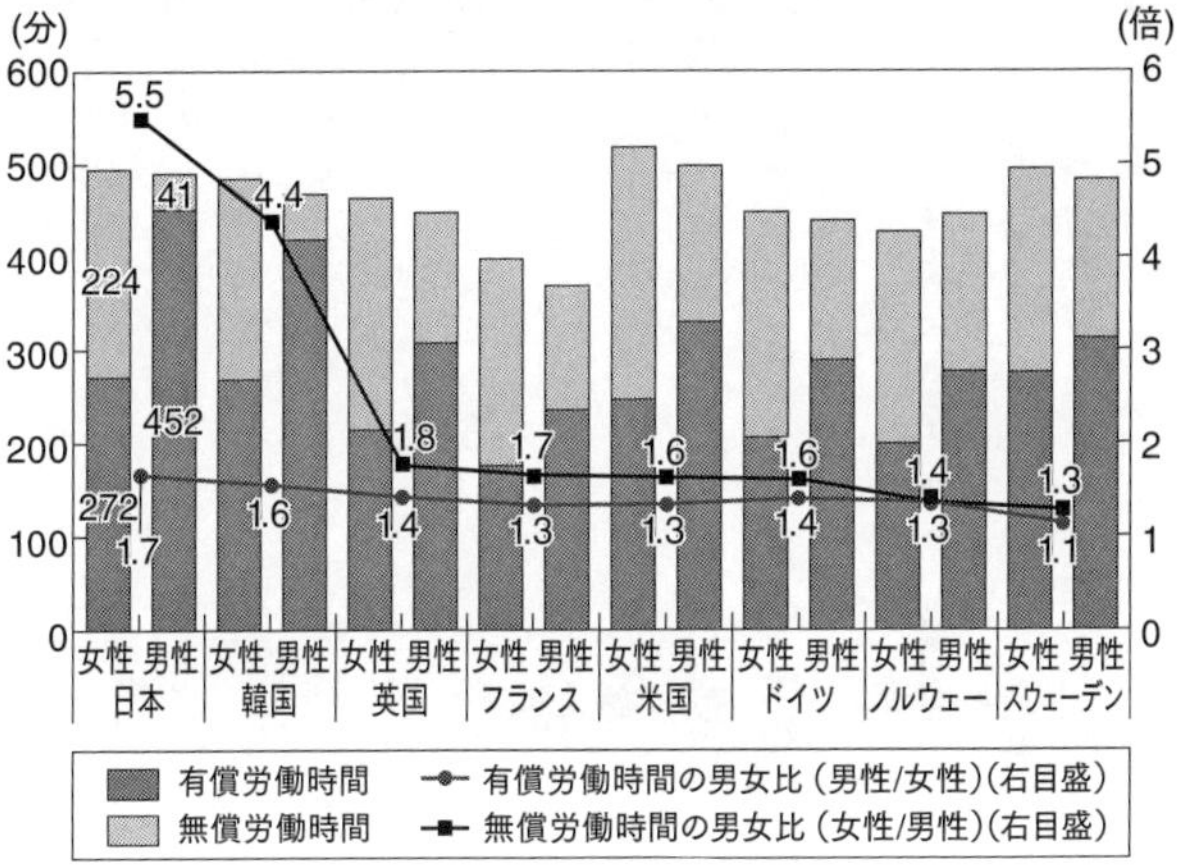

ブなものですが、反面、そのような競争に勝ち抜けないことに「男としてどうなのか」と感じさせてしまうのは男性にとっても好ましいこととは言えません。

一方で、ここでお話しした「女としての成功」は結婚して子どもを産み、育てることで、このイメージは実に根強いと感じます。問題なのは、そこには必ず無償労働がセットになっている点です。女性は妻として母として、家庭内で家事、育児、介護のために労働力を提供する。それに対して対価が支払われることとは基本的にないため、unpaid work、無償労働といわれます。それらは自分以外の家族のお世話にあたる労働なので、ケアワーク（ケア労働）とも呼ばれます。

図3-1を見てもわかるとおり、1日あた

りの有償労働と無償労働にかける時間を男女で比較したところ、ほかの先進諸国も決して男女が五分五分ではなく、女性のほうが多く無償労働を担っています。しかし日本ほど極端ではないことは一目瞭然でしょう。この図では男性の有償労働時間、つまり外での仕事が諸外国と比べていかに長いかも見て取れます。全体で見ると、日本の女性は、無償労働に男性の実に5・5倍もの労働時間を割いています。それで男性と同じだけ稼げるはずがありません。無償労働を女性に偏らせることは、女性の経済力を奪うことです。また、女性が仕事を持っているのといないのとで、男性の無償労働時間にそれほど差がないこともわかっています。男性の一日は「仕事」に大半が費やされるのに対し、仕事を持つ女性は「仕事」の上に「家事・育児・介護」も乗っかってくることになります。

このように偏った状態では、対等で健全なパートナーシップを育むためには相当の意識を払う必要があります。対等ではない関係性に容易に陥りやすいことに注意が必要です。

妻は夫を「立てる」べき?

ケアとは、ただ料理をする、洗濯をする、赤ちゃんのお世話をするということにとどまらず、その前段階にある「相手が何を求めているのかというニーズを汲み取る」というステップも含まれます。それを先回りして汲み取り、提供することが家事や育児なのです。

相手の、いまだ言語化されていないニーズを読み取るというのは女性が幼いころから求められがちな役割で、「気遣い」と言われるものも、それに当たります。気遣い自体は何も悪いものではありません。しかし、パートナー間で気遣いを「する側」と「される側」がいつも固定していたり、一方だけが「気遣い」することが当然視されることは、悪いことだと思います。

もともと女性にはそうした「気遣い」ができる性質が備わっているとか、得意だとかいうわけではありません。それができれば賞賛され、できなければ「気が利かない」などと言われる社会に適応するため、獲得されたものです。

男性は、一般的に気を遣われる側として成長します。だから離婚調停のプロセスで離婚を申し入れられた夫たちの話を聞くと、自分が「ケアされる」側であることを当然として疑問を持っていないのだと感じることが多々あります。それが暴力的な形で現れた例を、ひとつ紹介します。

離婚を決意して私のもとを訪れたその女性は、夫から数カ月にわたって無視されていると言いました。夫は子どもとは会話をしますし、毎日妻が作ったご飯を食べ、妻が洗濯した衣類や下着を身に着けて仕事に出るのですが、妻からどのように声をかけられてもいっさい応答しないという日々が続きました。そこに妻が存在しないかのように目を合わせようともしないどころか、家のなかですれ違うときは露骨に避けるそうです。妻は夫に「どうして無視するの？　私が何か悪いことをした？」と何度も聞きましたが、夫は聞こえていないかのように頑として答えない……あのことが夫を不機嫌にさせたのだろうか、それともこのことだろうかと悩み、何度も夫に聞き、やはり無視されるうちに妻は、無視され続けることのあまりの精神的苦痛の大きさから、周囲から重篤な病気なのではないかと心配されるレベルで痩せてしまったほどでした。

耐えきれず妻は離婚を決意し、最終的には裁判となりました。そこでようやく夫の「自分が機嫌を損ねた理由に、妻には自力でたどり着いてほしかった」という本音が明らかになったのでした。自分から言うのでは意味がない。妻がこちらの胸中を慮り、察し、理解する。そのことに意味があったのだ、と。

この夫が極端な性格なのだと思われるかもしれませんが、離婚裁判を扱っている弁護士なら、程度の差はあれ「よく聞く話」だと感じると思います。妻側の代理人として夫から話を聞くこともあるのですが、「自分こそ、妻から愛されていない」「妻は自分に冷たい」というフレーズは、定番中の定番です。自分は妻を愛しているのに、妻はそうではない。だから自分が離婚を突きつけられるのは不当である、と本気で思っているのがわかります。私から「どういうときに愛されていないと感じるんですか？」と問うと、「ここのところ、まったく立ててくれなくなった」と返ってきます。彼らが言う「立てる」とは、辞書で「人を自分より上位に置いて尊重する」と説明されているものです。これも、ケアの一種です。尊重され、気遣われ、お世話されるのは当然だと思っていれば、妻が自分を「ケアしてくれない」ということを、自分の「被害」であると感じるのでしょう。

話を聞いていると、まるで赤ちゃんだと感じることもあります。まだ言葉を話せない幼い子が泣いていると、周りの大人が「ミルクかな？　抱っこかな？　眠いのかな？」と考えながら対応します。それでも泣いている理由がわからないことも多いのですが、なんとかしてそのニーズを汲み、満たしてあげようと努めます。赤ちゃんならそれが当然の要求ですが、それを成人が自分の当然の権利であるかのように要求し、満たされないことで不機嫌になったり「自分は被害者だ」と傷ついたりしているのです。

家庭のなかで自分が「ケアをする主体である」という男性は、年代が上になるほど、女性に比べ圧倒的に少ないと感じます。若い世代も、油断できないと思います。いまどきは男の子も「自分のことは自分でできるように」と教わりますし、大人になればひとり暮らしをする人もいます。多くの男性が、およそ家事ができないというわけではない。それなのに、家族のほかのメンバーのケアをするという発想にはつながらない傾向にあるのは圧倒的に男性が多いです。たとえば自分の朝ごはんだけ自分で作り、子どもの朝ごはんは気にせず出かけてしまう夫、のような話を離婚事案では聞きます。自分のことを自分でできるという「自立」と「他者へのケア」は別ものなのだと感じさせられます。自立さえできればいいというわけではなく、ケアが必要な存在へのケアを主体的にやるという意識を、性別問わず（特にいまあまりそう言われない男の子に）持たせないといけないと思います。

不機嫌で人を動かす夫たち

ケアされる側とケアする側が相互的でなく固定化してしまっている関係性は対等とはいえません。そこには明らかな力関係があります。家庭内の力関係は、必ずしも男性が上で女性が下というわけではないことには、注意が必要でしょう。子どもが小さいときには親は子に対して圧倒的に強い関係性です。子どもはとても弱い立場で、生きるも死ぬも親次第といっても過言ではありません。そこで親が子どもに対して支配的に振る舞ってしまう……私自身も気をつけなければいけないといつも自分に言い聞かせています。しかしかつては自分より強かった親が年を取り介護を受ける立場になると、力関係は逆転するでしょう。

暴力、ハラスメントは力を持つ人から持たない人に対して、立場が強い人から弱い人に対して行なわれるものです。職場なら上司から部下へ、または顧客から従業員へ、学校なら教師から生徒へといった具合です。加害する側は相手を選んでいます。自分より立場が上だったり力が強かったりする相手に加害することはありません。

暴力やハラスメントというものが、手を上げるなど身体的な攻撃だけには限らないことは、みなさんもご存じでしょう。むしろそうしたわかりやすい形であれば、家庭内でも「これはDVだ」と気づきやすいのですが、そうではないからむずかしいのです。精神的DVや経済的DV、そして性的DVは被害を認識しにくい側面があります。

たとえば、ずっと不機嫌で威圧的な態度でいる——実はこれだけで相手をコントロールできるのですが、精神的DVだとすぐに気づく人は多くないと思います。ニーズを読み間違えると機嫌がさらに悪化するかもしれないので、相手の顔色を常にうかがわなければならず、ケアの負担が増えることになります。そして、いつ逆鱗《げきりん》にふれるかわからないという緊張した生活を強いられます。毎年発表される司法統計によると、離婚調停の申立て理由は常に「性格の不一致」が男女とも1位ですが、女性のほうに詳しく聞くと「夫が不機嫌な態度をとるのが怖かった」「子どもの話をしたくても、顔も見ようとしてくれなかった」「子どもも怖がって父親には寄り付かない」「このままだと子どもに悪影響だと思った」という話がいくらでも出てきます。妻だけでなく子どももお父さんの顔色をうかがい、先回りして気を遣いながら暮らすことになるのです。

男性たちも、会社など外では挨拶もするし、上司や顧客に愛想よくもできる人がほとんどです。家族に不機嫌を露わにするのは「気を遣わなくていい相手」とみなしているからであって、それは力関係で〝上〟の立場にいる、と思っていてはじめて可能になります。

離婚を希望する女性たちからお話を聞くたびに、こうした男性たちにとって家にいる時間とは何なのだろうか、と考えます。家庭とは一般的に安心し、くつろぐことができる場であるはずで、家族は共にその時間、空間を作り、維持する相手です。しかしある種の人にとっては、家族から「一方的にケアを受けられる場」なのでしょう。それを実現するための手段が、不機嫌でいることなのです。自分の顔色を読めということを態度で伝えてしまうのですね。

日本ではかつて家制度があり、法にも定められていました。家長＝お父さんが家庭でいちばん〝偉い〟存在で、家族が何をするにも家長の許可が必要でした。すると家族は常に家長の顔色をうかがい、ケアしようと努めます。そうしないと居場所がなくなるかもしれないからです。家長には責任が伴いますが、少なくとも、妻や子どもにはない意思決定をする権利を持っていました。家制度は戦後に廃止されましたが、いまだ人々の意識のあいだに残っていると感じます。

家のなかで誰かひとりだけが特別な地位にいて偉いということはありませんし、夫である、父であるというだけで威張ってよい権利が与えられるわけもないことは明白です。にもかかわらず、別居や離婚といった現実に直面したとき、まるで「威張っていい権利」を奪われたかのように感じ、喪失感に苛まれる男性を見てきました。私はその姿から、この結婚生活は女性にとってどれだけつらいものだっただろうと想像します。不機嫌で人をコントロールするタイプのDVは、されている側がそうと気づきにくいことから、長期間にわたります。時間をかけてじわじわと心身が蝕まれていくのです。

50代で離婚を決意する理由

離婚を考えるとき、年齢は大きな要素となります。50代以降の女性だと、離婚はしたいけれど夫の退職まで待つかどうか迷うとお話しされるケースが少なくありません。その最大の理由が、経済力です。専業主婦もいますし、働いていてもパート勤務で、自分の収入だけではこの先が見通せない人が多く、だから夫に退職金が出て、確実にその財産分与を受けられるようになるのを待ちたい、ということです。

離婚事案を担当していて見えてくる深刻なもののひとつに、日本の女性には総じて経済力がないという現実があります。1980年代以降、専業主婦世帯はどんどん減少し、共働き世帯が増えます。両者の数が逆転したのは1997年、まさに現在50歳前後の人が就

図3-2　専業主婦世帯と共働き世帯の推移（総務省統計局「労働力調査特別調査」、総務省統計局「労働力調査（詳細集計）」より）

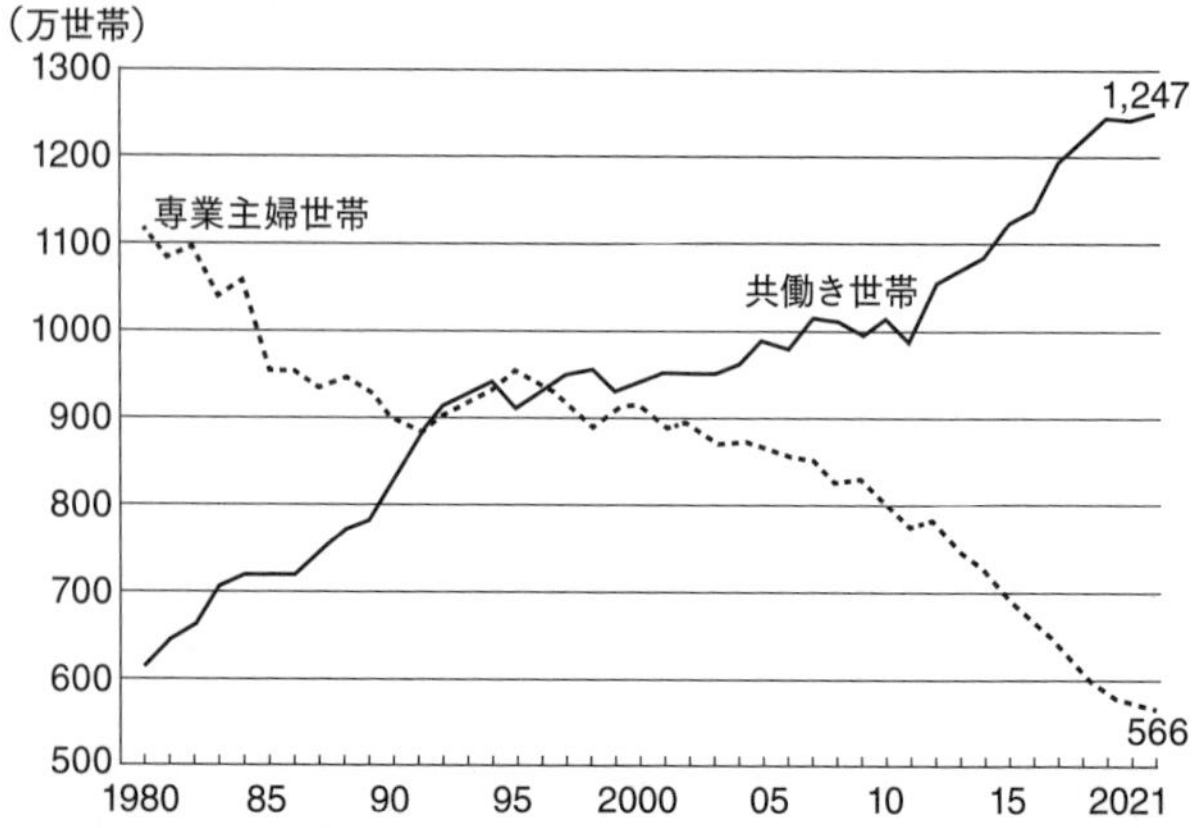

図3-3　男女間賃金格差の国際比較（OECDの調査から内閣官房がまとめたデータより）

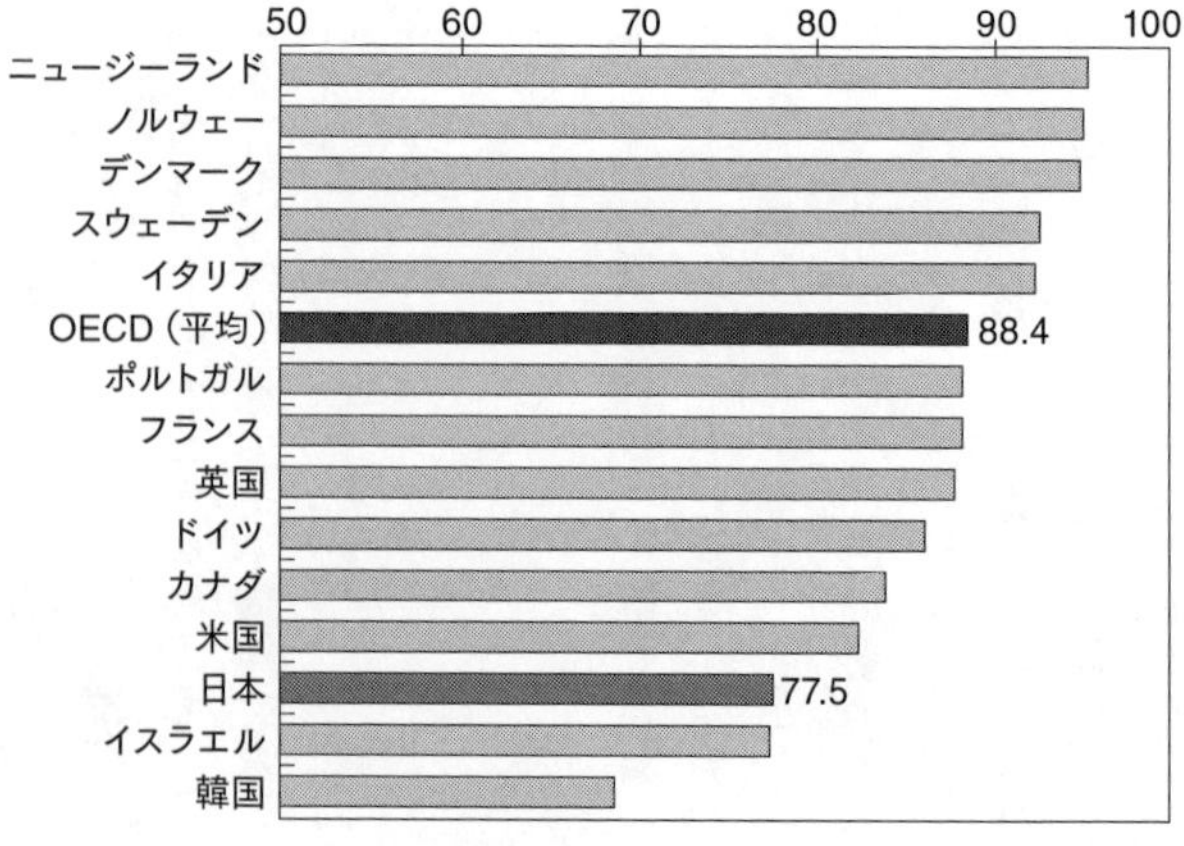

職する時期と重なります（図3−2）。しかし働いたところで男女間には最初から賃金格差があり、これは解消されない問題として2020年代にまで持ち越されてしまいました。OECD（経済協力開発機構）の調査によると、日本は男性のフルタイム労働者の賃金の中央値を100とした場合、女性は77・5、調査対象国中のワースト3に入る格差です（図3−3）。

正社員の夫に専業主婦または非正規雇用の妻、という組み合わせでは、夫婦間に大きな経済格差が生じます。経済力を握っている側は、資本主義社会では強いです。その強さを濫用して家庭内で自分勝手な振る舞いをするかしないかは、経済力を持っている側の良心によってしか担保されていないといえます。経済的DVはこの立場の差を利用したもので、具体的には生活費を渡さない、家計の管理を独占する、自分ばかり小遣いや遊興費を自由に使って妻の小遣いや子の教育費はとことんけちる、などといった形で現れます。妻が外で働くのを許さないのも経済的DVで、これは離婚事案でよく聞きます。外に出て仕事をするのはいいけれど、異性と出会うと浮気の心配があるからと「介護職に限る」と限定されていたケースもありました（介護の現場にも異性はいるはずなのですが……）。そして、「妻が自分で稼ぐようになると、自分から離れていくのではないか」とはっきり言うのも聞いたことがあります。経済力がある側はない側を経済力によって縛ることができるという威力の大きさを、彼らは実はよく知っているのだと思わずにはいられません。

夫が退職するタイミングで離婚したいと女性が考える理由のもうひとつは、夫と家でふたりきりになることへの憂鬱と不安です。子どもがいるうちは夫婦のあいだの緩衝材となってくれていたけれど、独立して家を出ていくと夫と自分とのふたりきりになってしまう。人生があと20〜30年続くことを考えると、「会話もない夫とのふたり暮らしが寒々しいものになるとしか思えない」ということです。さらには朝から晩まで食事の準備など夫のケアに追われることも、「ゾッとする」と言います。

離婚のタイミングを逃し、夫婦をこのままつづけたらどうなるだろう、と想像する女性は多いです。やがて、どちらかが要介護になる日がくるでしょう。「いつ話しかけても不機嫌で、育児にもずっと非協力的だった夫の介護を、いつ終わるともわからないまま続けなければならないのか」「逆に私が先に、要介護になったら？　家のどこに何があるかも知らない夫に、介護ができるわけがない」と考え、なんとか自分ひとりの生活を立て直す体力とお金があるうちに、離婚を決意される人もいます。

DVが始まるタイミング

ＤＶやモラハラは、加害をする側に全面的な非があります。しかし、被害者に対して

「なぜそんな人と結婚したんだ?」「結婚する前に見抜けなかったほうにも、問題がある」という言葉が投げつけられることがあります。被害者に非があると責めるのは二次加害に当たり、絶対にしてはいけないことのひとつです。そして弁護士として補足したいのは、結婚する前には「わからない」ものだということです。

DVやモラハラに苦しむようになってから結婚前のことを振り返れば、「そういえば、あのときのあれも、いま振り返れば……」と思い当たることはあるかもしれません。しかしそれは、地震が来てから「さっき飼い犬がキャンキャン鳴いていたけど、あれは地震を察知していたからだったのか!」というようなものであって、あとになってわかることです。後から振り返ればDVやモラハラの予兆だったとわかるものがあったとしても、その時点ですぐにDVやモラハラの予兆だと気づくのは、非常にむずかしいのです。

DVが始まるタイミングは、婚姻届を提出した後、というケースが多いと感じます。DV加害者の多くが「結婚で妻が改姓したこと」がきっかけと証言した報告もあります(2015年11月30日、東京新聞より)。男性からすると、「結婚が成立し自分の姓になった」=「恋人から〝身内〟となり気を遣わなくていい相手となった」ということでしょうか。言い換えるなら、相手を「自分をケアするための存在」とみなすようになったということです。

交際7年間、最後の3年間は同棲していたけれども、その期間には一度も暴力などなかった恋人から、婚姻届を提出した途端にＤＶを受けるようになったという話も聴いたことがあり、問題の根深さを感じます。

日本は世界で唯一、夫婦同姓が法律で義務付けられている国です。条文上は夫婦どちらの姓にしてもいいのですが、現状では96％の夫婦は女性側が改姓しています。改姓にともなう各種手続きの煩雑さもさることながら、改姓前に築いてきたキャリア継続が見えづらくなってしまうこともありますし、姓の変更でアイデンティティが揺らぐこともあります。こうした負担が現在はほぼ女性だけに強いられているとなると、夫婦同姓は結婚における男女の不均衡を象徴的に示しているとも考えられます。

離婚後も妻が元夫の姓を名乗り続けることは、「婚氏続称」といって法的に認められています。子どもの姓を変えないためにその選択をするケースは少なくないのですが、それに対して「離婚するならもう○○家の人間ではなくなるのだから、○○の姓を名乗るな」とこだわる男性もいます（法的にはまったく通らない主張です）。〝同じ名前である〟ことを家族の証と感じ、妻の姓を変えさせること自体に意味を感じるという、名前にただならぬこだわりを持つ層は一定数いるのです。１９９６年に法制審議会が選択的夫婦別姓を導入すべきと答申してから30年近く経ちます。こんなに前から夫婦別姓を選択できるよう法改正が求められており、各種調査で若い世代ほど別姓を選べるようになることを望んでいるとわかっているのですが、いまだ法改正の目処すら立っていません。

本当に相手を「愛している」のか？

ここからは「愛情」について考えたいと思います。

妻が家を出ていったり離婚を切り出したりすると、青天の霹靂だとショックを受ける男性は多いと書きました。DVだとわかりやすそうな、身体的DVを加えている人でも、そう言います。相手の鼓膜を破ったことがあっても、骨折させたことがあっても、暴力を振るっていると自覚できていないのです。これにはDVの加害者は常に暴力的なわけではないことも、関係しているでしょう。

実際に暴力を振るう時期のことを「暴力爆発期」と言います。その後、別人のようにやさしくなる「ハネムーン期」が訪れ、涙ながらに謝罪して許しを請い、もうしないと約束する人もいます。そのときは、本気でそう思っているそうです。しかしやがて「緊張上昇期」といってイライラを募らせる時期に入り、それが抑えられなくなると爆発期へと移行する……という行動パターンを、DV加害者は繰り返すと言われています。男女共同参画局がまとめた「男女間における暴力に関する調査（令和2年度）」によると、50代女性の35・3％が配偶者（夫）からの被害を受けており、11・9％の女性は被害が複数回にわたるとあります。

夫としては妻を愛しているつもりで、殴るのも「妻のよくないところを夫として反省させなくてはと思った」「愛しているからこそそうした」などと言います。そして暴力を振るった後もなお、妻も自分を愛していると信じている。調停でも「妻から自分への不満など聞いたこともない」「弁護士に言わされているに違いない」と主張します。

では、妻の認識はどうでしょうか。不満がないから「言わなかった」のではなく、不満があってもずっと「言えなかった」のです。顔色をうかがい、機嫌を損ねないよう努める日々を数十年間続けてきた女性もめずらしくありません。彼女たちは不満を口にしたら、どんなことになるかわかっています。2~3日は八つ当たりされるでしょう、あるいは殴る蹴るといった身体的な暴力を振るわれるかもしれません。不満を言わないのは、もっと嫌な攻撃に発展しないよう、自分を守るための選択でした。

DV・モラハラ離婚事案では、離婚と慰謝料の請求をすぐ受け入れる男性はめったにおらず、自分がいかに妻を愛しているか、夫婦仲よくやってきたかを滔々《とうとう》と語ります。そのうえで、離婚請求してきた妻を激しく非難するという、矛盾した行為に出る人もいます。「妻は家事をしない」「妻としていたらないところが多くて、自分は傷ついていた」と言いますが、そこで自分こそが被害者だと強調し、なかには慰謝料を請求してくる人もいます。

そんなに妻に不満があるのなら早急に離婚してはどうかと弁護士から提案すると、「いや、自分は妻のことを愛している」「妻が悪いところを直せばうまくやれるのだから、離婚などする必要はない」と堂々めぐりになるのです。

彼らは「求めるようにケアされない」ことを「被害」であると認識していることがわかります。翻《ひるがえ》って、自分はどうなのでしょう？　一方的にケアを要求されるだけで夫からのケアを受けたことはほとんどない妻は、被害者ではないのでしょうか。その矛盾には、気づかないようです。たとえば妻がひどい風邪をひいて寝込んでいるとき、「俺の飯は作らなくていいよ、外で食べてくるから」とあたかも気を遣っているかのように言うだけで、その妻のために、妻がしてほしいことを察し、何かしてあげようとすることはないという態度に、内心妻は傷ついています。「ケアの欠如」は実は暴力なのです。

それにしても彼らはよく「愛」という言葉を使います。たしかに主観的には「愛している」のかもしれませんが、「愛」という言葉は要注意です。その言葉でどのようなことを意味しているかは実は人によって違うとつくづく感じます。自分の思いどおりに動いて、自分をケアしてくれて、好きなときにセックスできる存在への好意、そういう存在を所有したいという欲求を「愛している」と表現する夫に、離婚事案ではしばしば出会います。それは妻からみると「愛」ではなく、「支配」なのですね。

愛と支配はとても近いところにあり、境目がわかりにくくなることも多いです。ある時期はたしかに対等な関係を保てていたというカップルも、結婚という制度や、性別役割分業が根を張っている結婚生活のなかで、気づけば支配、被支配の関係に転じてしまうということもあります。ある時期に対等であればいいわけではなく、常に対等で「あり続けよう」と努力しなければ、パートナーとしての関係性は危うくなっていきます。

相手の話を聞く、ただそれだけ

健全なパートナーシップは、対等な関係の上にのみ成り立つものです。力関係がどちらかに偏って、水平ではない関係性の上にパートナーシップを築こうとしても、いずれ倒れてしまいます。対等な関係性において、ケアは一方通行ではなく、双方向的なものです。一方がもう一方を、不機嫌な態度でコントロールすることはありません。生活していれば、それぞれ調子がよくなかったりイライラすることがあって、不機嫌になることはあって当然です。一時的なもので、ふたりともが「お互い様」と思える程度のことであればいいのですが、不機嫌な人とそれを受け止める人が固定化されてしまうと、その関係性は一方のみの緊張と我慢の上で、表面的には平穏と見えるだけ、ということだと思います。

性別役割分業の価値観をアンラーンする、手放すことは、年齢が上になるほど簡単ではなくなりますが、元をたどれば生まれたときからその価値が身近にあることが、問題です。たとえば幼少期に与えられるおもちゃからして、男の子は戦隊ヒーロー、女の子はお世話人形のように分かれており、それぞれに「ケアする役割は女性のもの」だという学習をさせられてしまいます。先ほど見たとおり、現在50歳前後の人たちが子どものころは「お父さんは外で仕事をし、お母さんは専業主婦で家にいる」というイメージが強かった時代です。物心ついたときすでに刷り込まれていた価値観を手放すには、小さくない努力が必要です。本来なら「男性と女性は対等である」ということ、また「対等」とは具体的にどういう意味なのかは、幼少期からの包括的性教育で教わるべきものですが、いまだそれが十分とは言えないことがとても残念です。

私は『これからの男の子たちへ「男らしさ」から自由になるためのレッスン』を書くために、ヒントを得たくて、パートナーの女性と対等な関係を築けていると感じる知人男性らに、なぜあなたはそれができているのか、どのような家庭で育ったのか、などと尋ねたことがあります。でも彼らも、特別な教育を受けてきたというわけでもなく、両親のあいだに性別役割分業があることを見ながら育ってきた、自分もジェンダーバイアスはとても強かった、と言います。お父さんとお母さんのあいだに、子どもから見てもわかるほどの上下関係があることに違和感を覚え、それが反面教師になったという人もいました。複数の男性から返ってきた、もっとも印象深かった回答は「女性の話を聞いたから」というものでした。特に恋人や妻という身近な女性の話に耳を傾けたというのです。

そこにはパートナーの女性との衝突もあったそうです。「あなたはわかっていない」と妻や恋人から言われて当惑や反発を覚えたという人もいましたが、「何度も妻に怒られた。妻が自分をあきらめず、怒りながらも何度も話してくれたことに感謝している」と語る男性の言葉に大事なヒントがあるように思いました。女性が社会のなかでいかに不利な立場に置かれているかという話は、多くの男性にとってどこか居心地が悪いものだと思います。自分が責められているようにも感じるのでしょう。女性たちからは「性差別や性暴力の話をしたいけど、必ずといっていいほど夫が不機嫌になるのでケンカになってしまう」「私が言うことを彼氏が否定するので嫌な気持ちになる」という話を聞きます。そうなると、険悪なムードになるからこの話題はもう持ち出さないでおこう、と思う女性は結構いると思います。そういう関係性になってしまうと、その女性のパートナーの男性は、性差別についてこの女性から聞く機会を失ってしまうでしょう。これは男性にとってとても惜しいことです。

私たちは、ミクロ（個人）の話とマクロ（社会構造）の話を切り分けて考える必要があります。個人という単位に目を向ければ、もちろん男性のなかでも大きな格差があり、不遇でいろいろな困難を余儀なくされている人も少なくありません。けれども、男女間の賃金格差がずっと開きっぱなしで、これから先もすぐには変わらないであろう社会で、「女性と同じ立場で働きたい」と思う男性は少ないはずです。社会に現にある差別構造を問題視し、指摘することは、個々の男性を責めることとは違います。女性から話を聞くなかで内心小さな反発が起きてもひとまず横に置き、知らなかったことはいったん受け止め、最後まで聞く――そういうことの繰り返しで、少しずつ、自分には見えていなかったものを理解できるようになっただけなのだと、ヒアリング相手の男性たちから返ってきました。「傾聴力」が重要ということだと思います。

これは、パートナーシップを考えるうえでも大きなヒントとなりました。この社会に生きていて、ジェンダーバイアスとまったく無縁でいられる人はまずいないと思います。もちろん、女性もです。私だって例外ではありません。大人になるほどそれが凝り固まり、自分の一部になっていきます。それをいきなり根底からくつがえされると感じると、反射的に抵抗してしまいたくなる気持ちもわかります。それでも、自身の凝り固まった価値観を守るのか、これまで生活をともにし今後も一緒にいたいパートナーの話に耳を傾けて自分をアップデートしていこうとするのかを選ぶのは、自分自身です。

茶飲み友だちができるコミュニケーションを

離婚に関する相談を聞いていると、「ただ聞く」ことを苦手とする男性は、少なくないように思います。女性たちは、最初から夫の不機嫌な言動にNOと言えなかったわけではなく、NOを伝えたことはあるのです。けれどそれが尊重されなかった、という経験をしています。聞こえているはずなのに、聞こうとせず取り合わない。相手の話を過小評価したり、自分本位に解釈したりすることは「聞く」ではありません。そんなことが何度も重なると、人は自分のNOには力がないと思うようになり、だんだんとあきらめていきます。聞くことができてはじめて、「話す」ことが可能になります。日本にはいつからか「男性は言葉数が多くないほうがいい」という価値観がありますが、べらべらと話すことを求められているわけではありません。自分自身の感情を、言語化するスキルこそが必要です。

男の子の子育てをしていると、自分がいま思っていることを言葉にして伝えるよう求められる機会が女の子と比べて少ないと感じます。話下手というのは、生物的な差異からではなく、育てられ方からきている部分がかなり大きいと思います。男の子が友だちとケンカして劣勢になり泣きながら駆け寄ってくると、親をはじめ周りの大人が「やり返してきなさい！」と突き離すことがあります。明確に言わなくても、「男の子なんだから」と後に続きそうな言葉なわけです。三姉妹で育った私は「泣いてちゃわかんないでしょ、ちゃんとお話ししていらっしゃい。言葉で解決しなさい」と言われたことはあっても、腕力でやり返すことを勧められたことはありませんし、多くの女性がそうだと思います。「女の子らしい遊び」には、ままごとやお人形遊びなど双方向のコミュニケーションを前提とするものを多く感じます。男の子の遊び方は「ドカーン」「バキューン」といった擬態語などのワンフレーズ合戦のようなことになりがちです。私自身、息子たちのそういう遊び方を見て、「言葉でお話しして！」と何度も言ってきました。自分の感情を言葉にすることはトレーニングが必要です。傾向として、男性はこのトレーニングが乏しい人が多いと思います。自分が何を思っているのか、どうしてほしいのかを相手に伝えるのが苦手であり、それを越えて、言葉にしなくても相手が自分のニーズを汲むのが当然と思っている男性を離婚事案では結構見ます。モラハラの典型的な方法に「不機嫌で他者をコントロールしようとする」というものがありますが、意図的にコミュニケーションをとらず、不機嫌な態度をとることで、自分のニーズを相手に汲み取らせようとするものです。これは、パートナーとのコミュニケーションによる対等な関係構築の正反対の態度です。

聞いて、言葉で伝える。これはパートナーとの関係性を変えるだけでなく、子どもとの関係も変え、交友関係にも変化をもたらすでしょう。男性は仕事以外の場での交友関係が乏しい傾向にあります。これも男性には「働く」「稼ぐ」以外の人生の選択肢があまり用意されていない、つまり性別役割分業からくる問題です。ＤＶやモラハラをする夫について妻からその交友関係を聞くと、友だちと言えるような関係性の人が乏しいことも多く、だから家族に極端に執着するのだろうかと思わされます。

定年後に通う場所がなくなり、個人的に会う人もいないがために、妻が出かけるとどこにでもついてきたがる男性の話は指摘されて久しいですが、これも自分自身の交友関係をもてば変わるはずです。コミュニケーションとは、基本的に面倒なものだと思います。言葉ひとつかけるにしても、相手の背景を把握したうえで心中を想像し、文脈を読み、言葉をチョイスしなければ、アウトプットできません。でも男性にその能力がないということはないでしょう。仕事ではできている人が多いです。なのに家族に対してはできないというのは、モチベーションの問題です。誰であれ、他者とのコミュニケーションを省くことはできず、それは相手が家族でも同じです。「面倒だからしない」と思っているとすれば、それは、自分がニーズを汲み取ってもらえる側だと無意識に思い込んでいるからです。それは相手に忖度を強いていることだという自覚が必要です。

地域に茶飲み友だちができると、コミュニケーションが鍛えられると思います。そのためにも、もっとも身近な存在である妻、家族とのあいだに「聞く」「語る」が成立するようにしておくことが不可欠です。

第4講

「性的指向と性自認」～LGBTQを知っていますか？～

松岡宗嗣（ライター／一般社団法人fair代表理事）

「性的マイノリティの人たち、最近増えたよね」

そんなふうに思ったことはないでしょうか。同性愛をテーマにした映画やドラマ、小説、コミックはめずらしくなくなり、ニュースでもＬＧＢＴＱ、性的マイノリティという語を頻繁に見聞きします。各地でパートナーシップ制度が導入されると決まって報道されますし、法律上同性同士の結婚については政治の場だけでなくＳＮＳで常に注目を集めるトピックです。そして性的マイノリティであることをオープンにしながら、オピニオンだけでなく普段の生活や趣味について発信する当事者の姿も増えてきました。

しかし、ここにひとつの勘違いがあります。ＬＧＢＴＱや性的マイノリティという言葉で表される人たち自体は、おそらく増えていません。どの時代にもどの世代にも必ず存在します。かつて少ないように見えたのは、同性が好きであるとか、自身の性別に違和感があるとかいうことを表明するのがとてもむずかしい時代が長く続いたからです。男性として生まれたらずっと男性らしく、女性に対して興味関心を抱き、女性として生まれたらずっと女性らしく、男性に恋愛や性的な関心が向くことが〝普通〟とされている社会で、ここにあてはまらない人が「自分は違う」と言い出すのは簡単なことではありません。家族や友人、職場の同僚などちかしい人ほど打ち明けにくいものです。それによって、その存在は見えない、聞こえない。つまり「いない」ことにされてきたのです。

また自分が「同性を好きかもしれない」「自分は女性として生まれたし、周囲からもそう思われているけれど、ものすごく違和感がある」と感じていても、そんなふうに思っているのは自分ひとりだけだと思えば、誰にも相談できず、自分がおかしいのだと結論づけて、その気づきや違和感を押し殺しながら生きるでしょう。

いま、時代は変わりつつあります。長い歴史のなかで「いないこと」にされていた人たちの存在が、やっと目に見えるようになってきました。そうなると、「自分もそうかもしれない」と思っていた人たちが、そのことを自分で認められるようにもなります。以前からいた性的マイノリティの人々が声を上げその存在を知らしめ始めたことで、そうではない人たちが、その存在をはっきり「いる」と認識できるようになりました。「増えた」わけではないのです。

私は自分がゲイであることをオープンにしながら、執筆活動を通して性的マイノリティについての情報を発信しています。「どんな性のあり方でも、フェアに生きられる社会」の実現を目指す一般社団法人fairの代表理事として、教育機関や企業、自治体などで性的マイノリティに関する研修や講演、そしてキャンペーンやイベントなどを行なっています。それらを通して感じるのもまさに、性的マイノリティは過去にいなかったわけでも最近増えたわけでもなく、どこにでも、常に、すでに、共にいる、ということです。

さて、性的マイノリティという語でまとめられますが、一人ひとりはまったく違います。性自認に関していえば、男性、女性という二元論にとらわれない「Xジェンダー」といわれる人たちがいます。これは、日本でできた言葉と言われています。性的指向ではアロマンティック・アセクシュアルと言われる人たちもいます。カミングアウトする、しないは個人の自由ですが、ダイバーシティ&インクルージョンが進められる社会ではそれぞれのSOGI（ソジ）が重んじられることが重要で……。こう書くと「カタカナやアルファベットばかりで、何を言われているのかよくわからない！」と音《ね》を上げたくなる人は、決して少なくないでしょう。また、「最初はLGBTだったのに、気づいたらQがついていた。なぜ？」という戸惑いも、よく耳にします。

本当にそのとおりで、性的マイノリティにまつわる語にはカタカナやアルファベットが実に多いです。私は、企業や自治体、学校などに講師として招かれ研修や講演を行なうことがよくあります。そこでも、特に年配の方々から「横文字ばかりで、ついていくのが大変だ」と言われることはしばしばです。研修に参加し、知ろうとしてくださっている方でも、とっつきにくさを感じるという気持ちはとてもわかります。

そんなとき私は、「無理に覚えなくてもいいんです」とお答えします。言葉以上に、知ってほしいことがあるからです。

想像力の欠如が差別につながる

　ここから先、本講では慣れない用語が頻繁に出てくると思います。その都度、解説を加えていきます。たとえばこんな具合に――LGBTのL、G、Bは、L＝レズビアン（女性同性愛者）、G＝ゲイ（男性同性愛者）、B＝バイセクシュアル（両性愛者）を指し、「性的指向」、すなわち恋愛や性的な興味関心がどの性別に向くか、向かないかという点に関するマイノリティ（少数者）を表しています。Tはトランスジェンダー（生まれたときに割り当てられた性別と性自認が異なる人）を指し、自分の性別をどう認識しているかという「性自認」のあり方に関するマイノリティを表しています。QはQueer（クイア、規範的とされる性のあり方以外を包括的に表す言葉）や、Qestioning（クエスチョニング、自身の性のあり方が特定の枠に属さない、わからない等の人）を意味します。近年では、それ以外のさまざまな性のあり方を含めて、「LGBTQ＋」ということもあります。

　こうした語句やその意味を暗記し、スラスラ言えるようにならなければいけないということはありません。もちろん、用語を知ってもらうことは重要ですし、うれしいです。それにより理解が進むようにもなるでしょう。けれど、なぜそのような言葉が生まれ、その言葉によって表される人はどういう人なのか、何を思い、何を望んで生きているかを知ることこそが重要だと私は思います。

最低限押さえておきたいのは、性とは多様なものであるということ、そしてすべての人の身近なところに性的マイノリティ当事者が必ずいるということです。職場の同僚にいるかもしれない、長年の友人が実はそうかもしれない、ましてや家族がそのことで悩んでいるかもしれない。すべて自分たちと同じ、生身の人間です。そんな想像力を持つためには、実態を知る必要があります。想像力の欠如は、差別につながります。

差別という語が出て、ギョッとされた方もいるかもしれません。「性的マイノリティのことは知らなくても、自分は差別なんかしない!」と反発もあるでしょう。世界を見渡せば、同性愛者だと知られれば命の危険すらある国も存在します。それと比べると日本では、そこまであからさまで暴力的な差別はあまり見られない、と思うかもしれません。けれどそれは差別がないことを意味するものではありません。少なくない当事者が「真綿で首を絞めるよう」と表現するような差別は、目に見えにくいものばかりです。

拙著『あいつゲイだってアウティングはなぜ問題なのか?』(柏書房、2021年)では、同性愛者であることを周囲に暴露されてしまったせいで、学校で生徒からでなく教師からいじめられた生徒や、校舎から転落死した大学院生の事例を紹介しています。いずれも痛ましい事例ですが、差別は直接的にも間接的にも、人を死へと追いやることがあります。同時に、差別はこうした苛烈な形で現れるものばかりでなく、身近なところでも起きています。男性同士のスキンシップを前に冗談めかして「お前らホモかよ！」と茶化されたり、家族とテレビを観ていたらレズビアンカップルが出てきて「でもこの人たちって子どもは持てないよね、かわいそうに」と言われたり、中性的な容姿の人を指して「オカマじゃないのか」と噂したり……。日常のふとしたところで、出くわす差別や偏見です。

話している側はきっと「ここに当事者はいないだろう」と思い込んで発言しているのでしょう。いると知っていれば、そのような発言はしなかったかもしれません。居合わせた当事者も、それが自分に直接向けられた言葉でないことはわかっています。それでも身近なところにこのような言葉や視線があれば、「自分が性的マイノリティであることは、この先も絶対に隠し通さなければ……」と考えるのに十分です。

「悪気はなく、冗談のつもりだった」「傷つける意図はなかった」という気持ちもあるでしょう。けれど多くの差別は悪意に基づいておらず、むしろ善意の場合すらあるのです。中には性的マイノリティという語で表される人たちの実態を知らず、身近にいないと思っているから、その認識と現実のギャップにより差別が起きてしまうこともあります。「知らない」ことで、自分の言動が当事者にどのような深刻な影響を及ぼすのかにも思いいたりません。

だから、言葉を覚えるよりも、性的マイノリティの実態を知ってほしいのです。先ほどあげたような言葉は便利なツールではありますが、それがなければ性的マイノリティを言い表せないわけではありません。たとえば私は、こんな相談を受けることがあります。小学校の性教育でＬＧＢＴＱについて教えるのは早すぎるのではないか――。そう考える理由のひとつに、まさに言葉のむずかしさがあるようです。だけど、ゲイやレズビアン、トランスジェンダーといった言葉をまったく使わなくとも、説明はできます。

「同性を好きになることもあるんだよ」

「生まれたときに女の子だと決められたけど、自分を本当は男の子だと感じる子もいるよ」

これなら子どもは子どもなりに、受け取り、理解することができるでしょう。相手やその場に適した言い方は、いくらでもできるということです。

同性愛は「病気」ではない

性的マイノリティの実態を知るうえで言葉以上に妨げとなるもの、それはステレオタイプ（固定観念）ではないかと思います。私がＬＧＢＴＱについての研修や講演で「私も当事者です」と話すと、いまでもときどき驚かれることがあります。私の外見は派手ではなく、街を歩いていたら〝どこにでもいそう〟という表現があてはまると自分でも思います。

ＬＧＢＴＱというのは自分たちとは違うところ、たとえばゲイバーをはじめとする夜の街や、テレビのなかにいる人たちだという思い込みがあると、私が当事者だということが意外に感じられるようです。

これは、メディアの影響も大きいと思います。バラエティ番組などに出演している、いわゆる「オネエ系」タレント＝ＬＧＢＴＱだと思い込んでいる人はいまだに少なくありません。「オネエ」とは女性装をしたり、いわゆる女性的な振る舞いをする男性を指す言葉ですが、その人がゲイの場合もあれば、トランスジェンダーの場合もあります。その他の性的マイノリティとは当然異なります。それでもメディアの影響というのはとても大きく、そうしたタレントのみなさんを見て「こんな感じの人がＬＧＢＴＱなんだ」と刷り込まれると、自分の身近な存在だと考えにくくなります。

同性愛者が特異な存在だと思われている背景は、メディア以外にもあります。ＷＨＯ（世界保健機関）は１９９０年、同性愛を「精神障害」のリストから外しました。これはとても画期的なことでした。それまで同性愛は〝病気〟だとみなされていたからです。医療の世界だけでなく、かつて国語辞書では同性愛のことを「異常性欲」としていました。

また、生まれたときに割り当てられた性と性自認が合致しない状態は「性同一性障害」と言われていました。その言葉なら知っている、という人も少なくないでしょう。読んで字のごとく〝障害〟とされていたわけですが、こちらもWHOは2022年から「精神障害」から除外しました。それとは別に「性別不合」という概念が新設され、これからはこの呼び方が広まっていくことが予想されます。

医療や辞書のことを直接は知らなくとも、こうした価値観が社会に浸透していくことで、人々の認識は大きく変わっていくでしょう。性的マイノリティに対する印象は年代によっても変わってきますが、年齢が高い人ほど、身近にはいない特異な存在だと感じる傾向があり、それにはこうした背景が関係していると考えられます。

実態をよく知らずにステレオタイプでしか見ないというのは、差別や偏見につながります。2019年の広島修道大学・河口和也さんを始めとする研究グループによる「性的マイノリティについての意識」という全国調査の結果が発表されましたが、同僚が同性愛者だった場合、「どちらかといえば嫌だ」「嫌だ」と答えた人は20代で14・9%、50代で24・4%、70代で50・7%でした。また子どもが同性愛者だった場合、「どちらかといえば嫌だ」「嫌だ」と回答したのは20代で43・8%、50代で58・9%、70代で74・2%です。上の年代ほど嫌悪感を持つ人が多いということが如実に表れていました。この調査は2015年にも実施され同様の項目がありましたが、嫌悪感を示す人の割合はどの年代においてもおしなべて減っています。しかしそれでも、50代で約4人に1人が同性愛者の同僚に嫌

図 4-1　子どもが同性愛者だった場合
（「性的マイノリティについての意識」2019 年より）

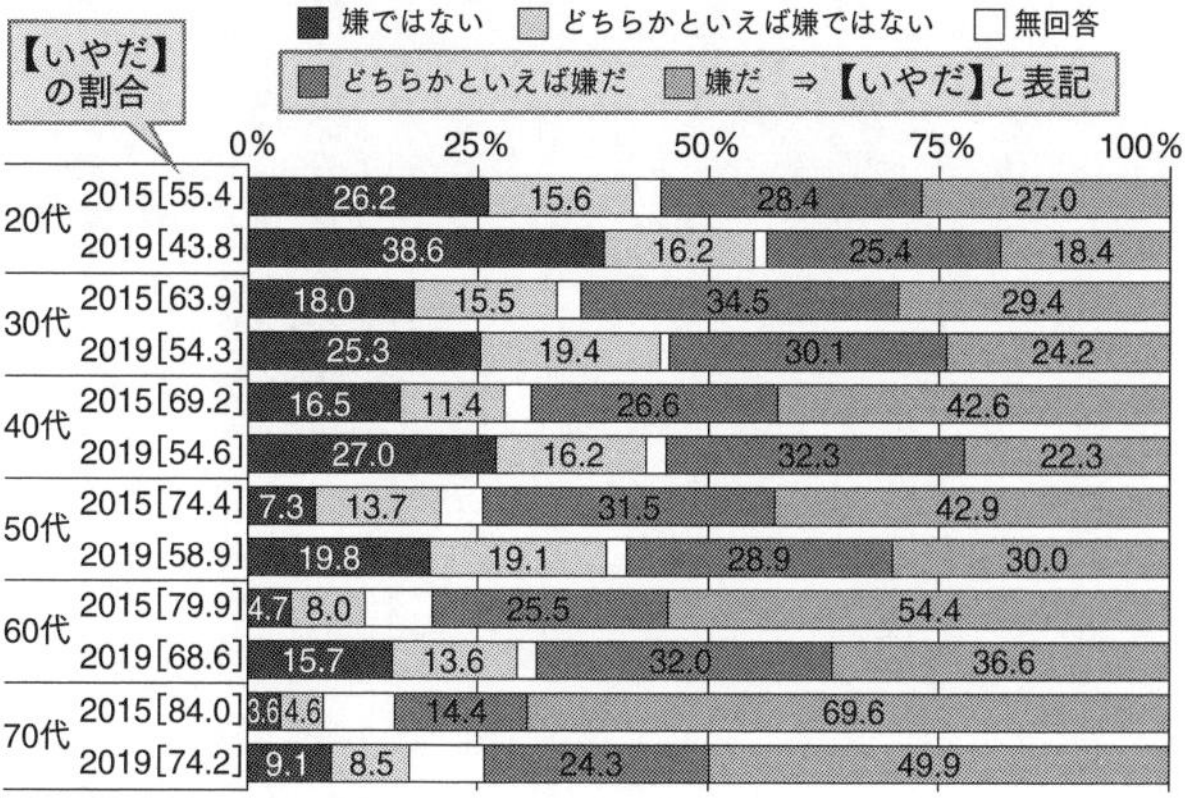

・どの年代でも【いやだ】の割合が減少、減少幅が大きいのは、50代（16ポイント）、40代（15ポイント）。30代と70代で最小（10ポイント）。
・全体の年齢による違いは、2015年と2019年で、ほぼ変わらず（29–30ポイント）。

図 4-2　同僚が同性愛者だった場合
（「性的マイノリティについての意識」2019 年より）

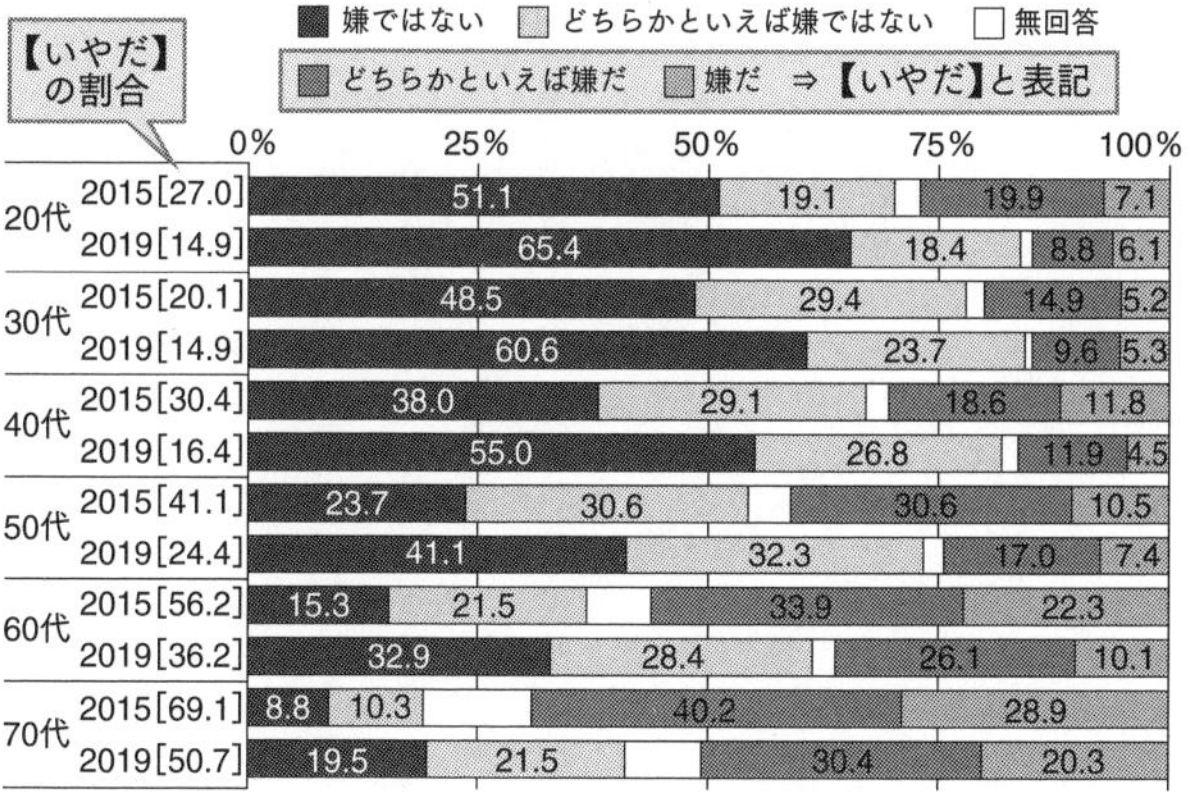

・どの年代でも【いやだ】の割合が減少、減少幅が大きいのは、50代17ポイント、60代20ポイント、70代18ポイント。30代は小（5ポイント）；年齢差、2015年より2019年の方が小さい。2015年では49ポイント差（30代と70代）、2019年では36ポイント差（20代と70代）。

悪感を示す、自身の子どもの場合にいたっては約6割の人が嫌悪感を示すというのは、当事者としては厳しいと感じざるをえない結果です。

多様な性のあり方を知ることから

性は多様であると同時に、揺らぎがあるものだとも言われています。同性に性的な魅力を感じて惹かれたり、男性または女性として生きている自分にふと違和感を覚えたりしても、それはなんらおかしいことではありません。自分は100%マジョリティ（多数派）であると言い切れる人ばかりではないのです。人生の折り返し地点で、これまで意図的に目を背けてきた自分の中の「違和感」と向き合うようになったという人もいます。あたりまえと思っていた自身の性に改めて目を向け、とらえ直す機会があってもいいのではないでしょうか。

そのときに知っておきたいのが、ＳＯＧＩという概念です。性的指向（Sexual Orientation）、性自認（Gender Identity）の頭文字を取ったもので、繰り返しになりますが、性的指向は、どのような性別の人に恋愛感情や性的な興味関心を抱くか、抱かないか。性自認とは、自分の性別をどのように認識しているかを表す言葉です。

このふたつには、文字どおり「すべての人」が関係しています。現在、世界ではシスジエンダー（生まれたときに割り当てられた性別と性自認が一致）で、ヘテロセクシュアル（異性愛者）がマジョリティとされています。性自認が生まれたときに割り当てられた性別と違うならトランスジェンダー、性的指向が同性に向かっていればゲイやレズビアン、両方の性に向かっていればバイセクシュアルと言えます。LGBTQは、性的マイノリティの「人々」を表しますが、SOGIは「属性」を表す言葉です。たとえると「白人」「黒人」という言葉はそうした「人々」を表しますが、「人種」という言葉は「属性」を表す、という関係と同じと言えるでしょう。誰しもが何らかの人種に属するのと同じように、異性愛者であっても同性愛者であっても、シスジェンダーであってもトランスジェンダーであっても、何らかの「SOGI」を持っている、または関係していると言えます。

性別には男性と女性しかないという考え方を、性別二元論と言います。しかし、そもそも性別は必ずしもふたつに限定されませんし、すべての人が生まれたときに割り当てられた性別に従って生きている／生きたいと望むわけではありません。「自分は男女のどちらにもあてはまらない、どちらとも言い切れない」といった人もいて、英語圏では特にノンバイナリー（Non-Binary）という言葉が広まっています。日本では先述のXジェンダーという言葉が用いられることもあります。

シスジェンダー、ヘテロセクシュアルを「普通」「正常」とすると、それにあてはまらない人は「自分は人と違う、異常だ」と悩むことになります。これは矯正できるものではなく、努力によって変えられるものでもありません。社会から取りこぼされ、自分を表現できる言葉がない状態は、孤独や自己否定にもつながります。多様な性のあり方を知り、ここまで挙げたような性自認、性的指向を表す言葉と出会い「私はコレだ！」と思えることは、大きな安心につながりますし、自分はひとりではないという確信にもつながります。社会のなかに居場所を見つけられるのです。

言葉とはそのためにあるのだと、私は思います。その人の性のあり方はその人のもので、本人が希望するもの、フィットするものを名乗っていいはずです。誰かから否定されたり変更を迫られてよいものではありません。

「人が自分の性をどう思っているかなんて興味ないし、誰がどの性を好きかなんてどうでもいいのに、何をそんなに騒ぐのだろう」と考える人もいるでしょう。他人の性のあり方に興味を示すのは下品なことだという声も耳にします。性自認や性的指向の話をすると、セックスについて話している、もっと言うとシモネタを話していると受け取られることがあります。たとえば飲み会での「性」の話題は多くの人が興味を持ち、時と場合によっては大いに盛り上がるもの、とされがちです。性的マイノリティについても、そうしたネタ、つまり変わった性的「嗜好」や特殊な「性癖」のようにとらえられることがあります。

興味がない、どうでもいいと言えるのは、その人がマジョリティの側にいるからにほかなりません。マジョリティが特に意識しないまま過ごせているさまざまなことが、マイノリティにとっては大きな壁になり、越えるのに多大な努力を要したり、越えられずにあきらめざるを得なかったりします。シスジェンダーでヘテロセクシュアルであることを前提として設計された社会を生きる性的マイノリティにとって、その壁は服装や、人からの呼ばれ方といった日常的なことから、交友関係、進路、就職、結婚など人生にかかわることまで、生まれたときから亡くなるとき、もっと言えば亡くなったあとまで、いたるところにあります。

たとえば同性愛者の学生が就職活動の面接で、ライフプランを尋ねられたとします。プライベートでいつ結婚するつもりか、子どもを持つ希望はあるのか、希望があるならいつ、何人を産みたいのか……。これは一般的にもセクハラにあたる質問です。加えて性的マイノリティにとっては、異性愛を前提とした質問は二重の答えづらさがあります。またトランスジェンダーの学生のなかには、性自認と法律上の性別が一致していないことを追及され、面接を打ち切られたという人もいます。

研修や講演でこうしたお話をすると、「自分はこれまで問題のある発言をしていたかもしれない」と考え始める人が少なからずいると感じます。悪意がなくても人を傷つけることがある、と気づくのです。たいていの人は、誰かを傷つけたいとは思っていません。

私の実感としては、性的マイノリティを取り巻く社会の状況はよい方向に変わりつつあります。自治体や企業、学校といった場所で、ダイバーシティ&インクルージョン、すなわち「多様性と受容」を重んじなければならないという意識が共有されるようになってきました。企業に関していうと、そこにはビジネス戦略もあるはずです。多様性を理解しないままでは今後、企業として衰退していくのではないかという問題意識を持ち始めたとも見受けられます。同質な組織構造のままだと、この先多様化していく一方であろう顧客のニーズに応えられず、人材獲得にも難航し、時代に取り残されるのではないかという危機感もあるでしょう。それと並行して、ハラスメントを未然に防ぐため、という意図もあるようです。従業員に性的マイノリティが「いる」ことを前提として、採用や人事のシステムを整えたいという意向があります

カミングアウトは個人の自由

性的マイノリティについて、個人がその実態を知ることと、社会が変わっていくことは相関しています。

先述したとおり「自分はこれまで問題のある発言をしていたかもしれない」と考えられ

るようになると、かえって当事者との会話にむずかしさを感じるようになることもあるかもしれません。「言葉ひとつで、相手を傷つけてしまうかもしれない」と不安を感じる人もいるでしょう。自分ではそのつもりがなくても、そこに偏見や差別が含まれることは往々にしてあります。そうなってしまうのではないかと恐れて、コミュニケーションを躊躇する人もいます。しかし、ここはぜひ臆せず対話を重ねてほしいと思います。重要なのは、もし間違った言葉を使ってしまったとしても、それを指摘してもらえる関係性を作ることではないでしょうか。性的マイノリティは「未知」の存在ではなく、あなたの大切な友人や家族、同僚なのだからこそ、適切な知識を得るのと同時に、その「相手」一人ひとりと真摯に向き合ってほしいと思います。

ここで、その相手から性的マイノリティであると打ち明けられることについて触れたいと思います。当事者が、自身の性自認や性的指向などを自覚し他者に打ち明けることを「カミングアウト」と言います。もともとはクローゼットに隠れていた当事者がその外に出る（come out）という比喩からきていますが、現在この言葉自体は社会にかなり浸透していると感じます。多くの当事者にとってこれは、悩みに悩んだ末だったり、多大な覚悟が求められたりと、簡単なことではありません。なかにはカミングアウトせざるを得ない状況に追い込まれて致し方なく、ということもあるでしょう。カミングアウトするのもしないのも個人の自由ですし、本人がしたくても周囲の状況がそれを阻むこともあります。ゆえに、カミングアウトしていることが「正しく」て、していない当事者は「間違っている」ということにはなりません。

「家族にこそカミングアウトできない」という当事者は多いです。友人には明かせても、家族、特に親には話せない。きょうだいにはカミングアウトしていて、親にだけ伏せているというケースもめずらしくありません。家族間でこそ深刻な差別に遭う可能性もあります。前述したとおり、子どもが同性愛者だったという仮定に嫌悪感を示す人は、年齢が上がるほど増えます。そうなると家族にカミングアウトすることが、居場所を失うことにもつながりかねません。

子どもが性的マイノリティであることに薄々気づいた親が、先回りして否定的な言動をすることもあります。テレビで同性愛について採り上げられているのを見て、「あなたはこんなふうにならないでね」と言ったり、性別違和がある子どもに「そんなんじゃ男らしくなれないよ」「もっと女の子らしくしなさい」と言うなどがそれに当たりますが、子どもは「カミングアウトしても、受け入れてもらえないに違いない」と思うことになります。

当事者から話を聞くと、子どもからのカミングアウトを受けて否定的なリアクションをする親は少なくないと感じます。自分の子どもがそうであるとまったく想定していないのに加えて、性的マイノリティの知識も乏しいことが、反射的な拒否につながるようです。しかしその後、本を読み、当事者や同じような立場の親の話を聞くなどして受け止めることができるようになったり、子どもに歩み寄れるようになったりする親も少なくありません。最初の拒否の言葉を親自身が忘れてしまっていることもあるほどです。

一方、親からの話では、子どもの幸せを願えばこそ最初は受け止められず、思わず拒否してしまったという心情が出てくることがあります。自分が思い描く「幸せ」な人生というのは一本道、つまりいずれは結婚して子どもを持って家庭を築き……、というもので、それはシスジェンダーでヘテロセクシュアルであることを前提とした道でしかないのですが、そこから外れる＝茨の道を選ぶと見えてしまうのです。苦労するのではないか、幸せになれないのではないか。そんな想いが、拒否の言葉となって出てしまうのかもしれません。

親という立場にいる人の周りにも、実はすでに何人もの性的マイノリティがいます。わが子もその人たちも、自分と同じ存在であり、楽しいこともあればつらいこともあって、友だちと笑いあったり、好きな食べ物も嫌いな食べ物もあって、映画を見て泣いたりする……そんな認識が深まれば、子どもが性的マイノリティと知ったとき無闇に不安だけがかき立てられることはなくなるのではないでしょうか。

個人的な話をすると、私はまず母にだけカミングアウトしたのですが、母から父に伝わった際「その話はしないでほしい」とシャットアウトされたそうです。しかしその後も、母が息子についてあまりに楽しそうに話すので、両親のあいだで私の話はタブーではなくなりました。帰省したとき父になぜ受け入れられたのかを尋ねたところ、ただひとこと「慣れた」と返ってきました。これは実は大事なことなのではないかと思っています。特別な存在ではない、自分のすぐそば、日常のなかにいる存在で、性的マイノリティもそれぞれの「幸せ」をもって暮らしていけるのだと感じると、自然に受け止められる可能性も高まります。

関係性や文脈を踏まえたコミュニケーション

カミングアウトにまつわるエピソードとしてよく聞くのが、相手から「私にはゲイの友だちがいるから偏見はないよ」と言われた、というものです。これは性的マイノリティに限らず、どのマイノリティでも起きている現象でしょう。おそらくこちらを安心させたいという意図からのもので、その気遣いはとてもありがたいのですが、そのゲイの友人と私は別の存在で、性のあり方についての認識もゲイの当事者だからといって全員同じではありません。たとえばアメリカ国籍の友人がひとりいたとして、その人はアメリカ人代表ではなく、「アメリカ人」といってもそのバックグラウンドは多様です。当然その人をとおしてすべてのアメリカ人を理解できるわけではありません。それと同じことです。

知識が不足しているがゆえの不用意な発言や、誤解からの問題発言は誰にでもあると思います。無意識の偏見というのは、誰もが持っているものだからです。私もほかの属性に対する偏見を持っていると思いますし、性的マイノリティ同士でも、そうした行き違いは起こりえます。繰り返しになりますが、間違いや失敗を過度に恐れるよりも、そうしたことがあれば率直に指摘してもらうこと、それができる関係性であることが重要ではないでしょうか。

「ゲイの友人」のように、気遣いが裏目に出て溝ができたり、気遣いゆえに自分と相手のあいだに線を引いて踏み込んだコミュニケーションができなくなったりすれば、それは双方にとって、もったいないことだと思います。

私自身は自分のセクシュアリティを伝えるときに、「わからないこと、知りたいことがあったら、ぜひ聞いてほしい」と言い添えることが多いです。そのときに相手から「自分には知識があまりないから、何か間違ったことを言ったり、あなたを不快にさせるような言葉があるかもしれない。そのときは教えてほしい」と返ってくることもあります。これなら、お互い安心してコミュニケーションできるでしょう。

以前ある研修で講義をしたとき、終了後に年輩の男性に呼び止められ、「同性に恋愛感情が向かうというのが、自分には本当にわからない」ということを訥々《とつとつ》と話されました。これも文脈によっては、当事者を傷つける発言になるかもしれません。しかし私はその人からそうした侮蔑的なニュアンスを感じなかったので、こう伝えました。

「実は私も、異性に恋愛感情を持つということが本当にわからないんですよ」

それを聞いて男性は瞬時に、「なるほど、そういうことか！」と納得がいったようでした。性的マイノリティへの「理解」という言葉が掲げられることがありますが、たとえマジョリティ同士であっても、お互いをすべて「理解」することは果たしてできるのでしょうか。たとえお互いにわからなくても、それぞれの「あり方」を尊重しあい、共に生きることはできるのではないかと思います。

私は性のあり方について伝える際「知りたいことがあったら聞いてほしい」と言うようにしている、と述べました。もちろんだからといって「なんでもいきなり聞いていい」とは思いません。相手との関係性や文脈によりますし、それは性的マイノリティに限らないことでしょう。たとえば、初対面の人にいきなりその人の性生活や性器の状態を聞くでしょうか。恋愛や結婚といった、プライベートな話題について一方的に振るのも同様です。性的マイノリティにはこうした話をいっさい持ち出してはいけないという意味ではなく、関係性ができていないのにイロモノのように聞くことは問題ですが、一方で当事者にも恋愛トークをしたいときもあれば、セックスの話を聞いてほしいときもある。その際にも、相手への尊重を忘れない。それはマイノリティ、マジョリティの区別なく言えることだと思います。

気をつけるべきこととして、「アウティング」にはぜひ注意してほしいと思います。アウティングとは、その人の性自認や性的指向など、性のあり方を本人の同意がないまま別の人に暴露してしまうことです。この言葉が一般に広く知られるようになったのは、２０１５年のこと。一橋大学大学院のロースクールに通っていた男性が、ある同性の友人に自身の恋愛感情を告白したところ、その男性が共通の知り合いがいるＬＩＮＥグループでそのことを暴露し、ゲイの男性はそれを苦に校舎から転落死したという、痛ましい事件がきっかけです。

「性」に関する情報に限らず、自分だけに打ち明けられたことを許可なく第三者に伝えたり、大勢の前で公表するのは問題です。これに加えて、性的マイノリティにとってのアウティングは、この事件のように死につながるほど深刻な影響をもたらすものだということが広く知られてほしいと思います。

日本では、多くの組織が同質の人たちによって構成される傾向にあり、そのことがアウティングの起きやすさに関係していると考えられます。シスジェンダーでヘテロセクシュアルの男性ばかりがいるコミュニティでは、そうではない人がいると殊更に異質な存在として受け止められてしまいます。面白おかしくネタにされることもあるでしょう。そして「みんな同じ」という感覚から、誰かが得た〝特殊〟な情報はすぐにみんなに共有されるものだという考えになり、噂話として広がりやすい側面があると思います。

自治体で導入されるパートナーシップ

２０２０年６月、改正労働施策総合推進法（パワハラ防止法）が施行（２０２２年４月から中小企業でも義務化）され、そのなかで性的指向や性自認に関するハラスメント、いわゆる「ＳＯＧＩハラ」や「アウティング」の防止策を講じることが事業主に義務付けられました。当事者によっては、仕事をするうえでの必要性や、人間関係を深めるために同僚や上司、人事部などにカミングアウトすることがありますが、それが社内外の他者に勝手に暴露されてしまうとさまざまな不利益につながってしまうことが少なくありません。前述の法律は、こうしたことを未然に防ぐためのもので、研修などを通じて周知・啓発を徹底することが求められています。現在のところ、性的指向や性自認に関する差別を禁止する法律をはじめ性的マイノリティの権利を保障する法律がほとんどない日本において、これは画期的な法改正だと感じています。アウティングが起きると、その人は職場に居づらくなる可能性があります。そうして退職すればそれは企業にとっても損失となります。SOGIハラやアウティングを防止するというのは、企業にとってさまざまなリスクを回避することにもつながりますし、何より尊厳と命を守ることだといっても過言ではないのです。

繰り返しになりますが、時代は変わりつつあり、それはこのように法や制度にも表れています。自治体が性的マイノリティのカップルに対して、パートナー関係にあることを示す証明書を発行するパートナーシップ制度は、２０１５年に東京都渋谷区および世田谷区から始まり、現在は２５５（２０２３年１月現在）の自治体で導入されています。しかし、パートナーシップ制度に法的効力はなく、遺言書がなければ財産を相続することはできないなど、法律上異性のカップルには認められているさまざまな権利が認められておらず、「結婚」とは異なります。

また先ほど触れたように、日本では性的マイノリティの差別を禁じる法がありません。本来は職場に限らず、あらゆる場で差別的取り扱いをしてはいけないという、「差別禁止法」が必要です。２０２１年には、超党派の国会議員連盟で「性的指向及び性自認の多様性に関する国民の理解の増進に関する法律案（ＬＧＢＴ理解増進法案）」が合意されましたが、国会には提出されず見送られました。合意の前から「理解増進」ではなく「差別禁止」の法律を望む声が当事者を中心にして上がっていました。「差別は許されない」との文言に、一部の強硬な反対が起きたと言われています。そんな最低限のルールすら実現しなかったこと、理解増進すら立ち消えになったことで、多くの当事者に落胆が広がりました。性的マイノリティの現実はいまだ厳しいものだと突きつけられたからです。

この社会が多様だと知ることは、マイノリティだけでなくマジョリティにとっても意義のあることです。マイノリティというだけで差別されない社会は、誰にとっても生きやすい社会につながります。一刻も早く法整備が実現することを願ってやみません。

第5講

「性暴力」〜加害者にならないために〜

斉藤章佳（精神保健福祉士・社会福祉士）

幼少期からの性教育が見直されているいま、「性暴力の被害者にも、加害者にもならないために」というキャッチフレーズをよく見聞きするようになりました。これまで長らく、被害者にならないための方策は、いろんなところで呼びかけられてきました。主に女性に対してです。小さい子に向けての「知らない人についていかないようにしましょう」から始まり、思春期になると「夜道を歩かないようにしましょう」「肌の露出は控えましょう」「満員電車では痴漢に遭わないよう電車のドア付近には立たないようにしましょう」となり、何歳になっても言われつづけます。こうして性被害を自身の努力によって防ぐことを「自衛」と言います。

これの何が問題かというと、性暴力は被害に遭った側に何らかの原因があり発生したという認識に基づいていることです。被害に遭った人を「自衛しなかったからそんな目に遭ったんだ」と責めることにもつながり、これは二次加害（セカンドレイプ）に当たります。

私は長年、精神保健福祉士・社会福祉士として、性加害をした人に対する再加害防止のための教育プログラムに携わっています。特に痴漢、盗撮といった性的逸脱行動を反復してきた人を対象としたもので、SAG（Sexual Addiction Group-meeting）という、日本ではじめての性依存症専門外来に、2006年の立ち上げ時からかかわっています。そこで日々性加害の実態と向き合ってきたなかで確実に言えるのは、性暴力が発生する原因は1

00％、加害者にあるということです。自衛にはまったく意味がないとは言いませんが、性暴力の実態には即していません。調査により、性暴力被害のうち「まったく知らない人」からのものは約1割に過ぎず、圧倒的多数が配偶者や知人からのものだとわかっていますし、真昼にも発生します。ダボダボの服やジーンズで身体のラインや肌が隠れていても性被害に遭います。そして痴漢は空いている車両や、電車内の人目が多い場所でも多発しています。にもかかわらず集合住宅の1階に住まないとか、洗濯物を外に干さないとか、自衛のために女性の生活、行動が制限されるのは理不尽でしかありません。どんな時間帯に、どんな服装で、どんな場所にいても、性暴力に遭っていい理由などないのです。

2017年に『男が痴漢になる理由』（イースト・プレス）を発売して以来、自治体や公的機関から性暴力に関する講演の依頼を多数いただくようになりましたが、その類の話を聞いてもらうのは簡単なことではないと感じます。まず、ギョッとして身構える方がいます。恐ろしく忌まわしいことというイメージが先立つのでしょう。被害に遭うかもしれないというのは、誰だって考えたくないことです。きっと被害者は自分と何かが違うんだ、間違ったことをしたんだ、それをしないうちは自分は安全だ……という心の動きから、性暴力の原因を被害者に求めるようになります。性暴力というものを自分の世界から遠ざけたいのでしょう。同時に、加害者も「自分たちとは違った人間だ」とイメージされていま

図5-1　「男女間における暴力に関する調査（令和２年度調査）」（内閣府男女共同参画局より）

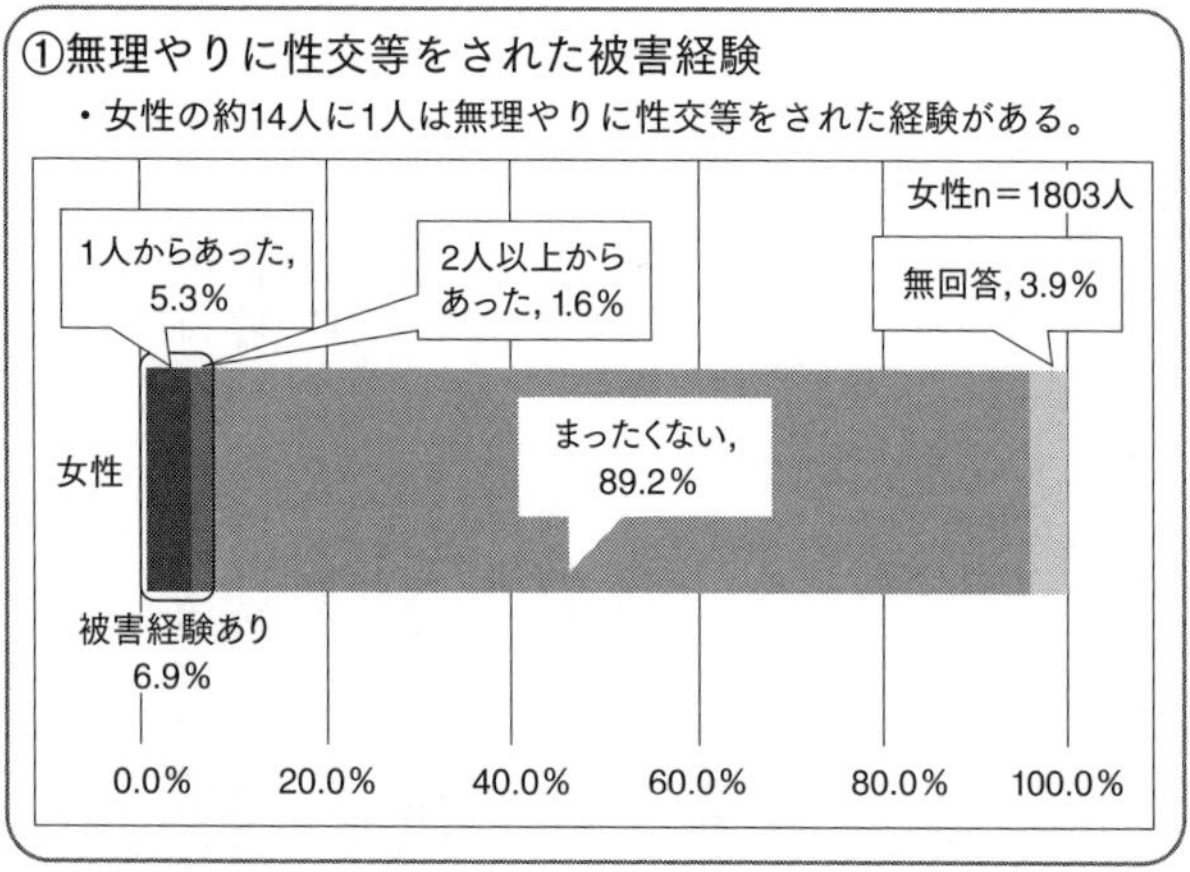

す。いかにもモテなさそうで、性欲を持て余した変態、モンスター――これが世間で共有されている一般的な加害者像でしょう。

フォーカスするのが被害者でも加害者でも、「自分とは違う」と思うのは、自分の周りでそんなことは起きない、起きてほしくないという気持ちからであることは明らかです。しかしとても残念なことに、性暴力は身近なところで、日常的に起きています。女性の約14人に１人が、無理やりに性交等をされた経験があります（図５−１）。

ここで言う性暴力とは、すべての「同意のない性的な行為」です。現行の刑法では、性暴力を犯罪とみなすには厳しい要件が課されており、その影響から警察で被害届が受理されないことも多いと言われています。犯罪とみなされない＝性暴力がなかった、ことにはなりません。特にわかりにくいのが、盗撮や下着窃盗など身体に直接の危害は加えない、いわゆる非接触型の性犯罪です。法のもと裁かれる場合でも、軽犯罪や窃盗となるので性犯罪にカウントされませんが、人の性的な安全領域（バウンダリー）を侵害したという意味において、これも立派な性暴力です。

またセクハラのような、立場が上の人から下の人への性的ハラスメントも性暴力とは思われていない風潮があります。加害者は「同意があると思っていた」と言いますが、それは立場を利用して相手が断りにくい状況に追い込んだうえで性的な要求を飲ませているだけ、というのがもっとも多いパターンです。夫婦間でも、相手の意に反する性行為を強いる、避妊に協力しないといったことは性的ＤＶと言われる性暴力です。婚姻関係にないカップルでも、したくない相手に性行為を強要すれば、それは「デートＤＶ」と呼ばれることが、かなり周知されてきました。

加害者と被害者では、見えている世界が１８０度違っていて、加害者には暴力をふるったという自覚が非常に乏しいです。それは社会全体にも言えることで、映画や小説に描かれるような激しい暴力をともない、ときに死にいたるようなものだけを性暴力、レイプと見なしていると、自分でも気づかないうちに「同意のない性的な行為」をしてしまうことになるかもしれません。「加害者にならないために」は、まず性暴力が何かを知るところから始まります。

加害者は「モンスター」ではない

『男が痴漢になる理由』で私が、痴漢の典型的な加害者像を「四大卒、会社員、既婚の男性」とまとめたところ、驚きと納得の、両方の声が上がりました。これは、クリニックに通院している加害経験者たちからヒアリングし、導き出したパーソナリティです。彼らはいかにもマッチョだったり清潔ではなかったりといった風貌ではなく、「普通の」「どこにでもいそうな」と表現されるような人ばかりで、話してみると礼儀正しいというより、腰が低いくらいの人が多数派です。会社ではまじめな働きぶりが評価されている従順な労働者、家庭ではよき夫、よき父と思われている……驚きの声は、性加害者＝異常性欲者＝モンスターというイメージが裏切られたからでしょう。

納得の声を上げたのは、被害経験がある人たちだと思います。電車に乗っていて、誰が見ても警戒しなければならない人物が近づいてきたなら、たいていの人は移動して距離を置きます。そうではない人物がさりげなく背後に忍びより加害行為をしてくることを、痴漢被害に遭った人たちは知っているのです。

これは、セクハラにも通じます。会社のなかで見るからに性的な欲求不満の人がいれば周囲もおかしいと思うでしょう。そんな素振りを見せずに、まじめな先輩、頼れる上司の顔をしながら近づいてきて、性的な嫌がらせをするのがセクハラ加害者の典型です。性暴力が身近で起きているということは、加害者も身近にいるということです。みなさんの周りに「モンスター」はたくさんいるでしょうか？　そんなことはないでしょう。

私は加害者臨床の現場で加害経験者らと数多く接していて、自分と彼らは同じだと感じるようになってきました。まったく違う世界を生きる人たちでも、違う次元にいる人たちでもなく、同じ地平にいると感じるのです。彼らも私も日本という社会からさまざまな価値観を学習し、社会に適応して生きてきました。彼らと自分は紙一重、一歩間違えば自分も同じように加害をするのではないか、いや、知らないうちにすでにしてしまっているのではないか……このように、みずからの「加害者性」に目を向けてみるとスッと背筋が寒くなるのを感じます。加害者性については、追って詳述します。だから、「性加害をするのはモンスターだ、自分とは違う」と決めつけて落ち着きを取り戻す気持ちも、よくわかります。

性加害者の多くは「自分はこれから性加害をするぞ！」と思って行動していません。むしろ、それが加害行為であるという意識すら、希薄な人も多いです。減るもんじゃない、ちょっと触るぐらいならいいだろう、スカートの中を撮ってもバレなければやってないのも同じという軽い気持ちで、痴漢や盗撮をします。性的DVやデートDVも、加害者にとっては「好きならセックスするのが当然」であって、愛情表現だと思っている節があります。強制わいせつや強制性交も「最初は嫌がっているが、しているうちに気持ちよくなってくるものだ」という思い込みからで、相手を痛めつけようという意図はないことが往々にしてあります。セクハラを「恋愛」だと誤解している加害者は多いです。だからこそ被害届を出されたり、昨今だとSNSで告発されたりすると、驚き、慌てふためき、「まさか、そんなはずはない！」と否認するのです。「自分のほうが騙されたんだ」と被害者意識を募らせる人もいます。

加害者臨床の現場でも、性加害者になりたくてなった、という人はいません。気づいたら、なっていた。痴漢をはじめたのが高校生のときという例はめずらしくないですし、高校生や大学生からの盗撮をやめられないという相談は年々増えています。すぐに「これは加害行為だ」と気づいてやめられるならまだしも、逮捕されなければやめる理由もきっかけもないので、何年も、ときに何十年も続けて、おびただしい数の被害者を出します。

加害者になる可能性は誰にでもあります。だから、「加害者にならない」ための性教育が大事なのです。若年層に限らずその考えが日本社会全体に行き渡らないと、加害者も被害者も増えることはあっても減ることはありません。

「ノット・オール・メン」の弊害

加害者になる可能性は誰にでもある、というと決まって、「男性はみんな性犯罪者予備軍だと言うのか⁉」という声が上がります。「ノット・オール・メン（not all men、すべての男性がそうではない）」と言われる反応です。自分が危険分子のように扱われたと憤慨し、むしろ傷ついたのは自分だ、こちらが被害者なんだと主張します。痴漢は特に典型的で、女性たちが痴漢被害に遭ったことを話しているときでも、「でも痴漢は冤罪が多い」「男性も被害に遭う」「疑われたらたいへんだから、乗車中はいつも両手を挙げている」と主張します。痴漢被害と冤罪被害はまったく別の話なので、これは「論点ずらし」以外の何ものでもありません。

「ノット・オール・メン」は、自分は加害行為などしないという想いからの発言なのだと思います。何もしていないのに加害者扱いされるのは、心外で当然です。しかし、誰かが自身の性被害について話すことは、男性という属性そのものを責めることを意味しませんし、まして話し相手である男性を加害者扱いするものではありません。にもかかわらず男性から「ノット・オール・メン」が持ち出されると、女性はそれ以上、痴漢の話ができなくなります。このフレーズには、性被害を矮小化し、被害者の口を塞ぐ効果があります。

男性からのこうした否認を見て私は、性暴力が「男性側の問題」だと実は彼らもわかっているからこその発言であると考えるのですが、これは穿った見方でしょうか。法務局総合研究所による平成20～21年の調査では、性犯罪の99％は、男性が加害者です。被害者には、男性も含まれます。男性の被害は女性のそれより表に出てきにくいものの決して見過ごしてはいけない問題ですが、この場合も加害者はほとんど男性です。そうなると、なぜ男性が加害するのかということが気になってきます。加害する理由に、「男性」という属性からくるものがあるのではないか。もちろん、それぞれの加害行為は個々の加害者が責任を取るべきもので、どんな背景があっても許されるものではありません。けれど、社会のなかに男性という属性の人たちを加害に向かわせる何かがあるのなら、そこにメスを入れることで性暴力の加害者は減らせるのではないか。それは必然的に、被害者を減らすことでもあります。そうした意味でも「ノット・オール・メン」というフレーズは問題です。加害者の属性を、曖昧にするからです。

男性がなぜ加害をするのかを考えるとき、最初に外しておきたい要素が「性欲があるから」というものです。加害者臨床の現場にいると、この性欲原因論は実に厄介だと感じます。加害経験者も「自分は性欲を抑えきれなくて痴漢してしまった」と思い込んでしまうからです。ここで止まっている限り、自身がした加害行為の本質は理解できません。

しかし、彼らがそう思うのも無理はないと思わされることもあります。『痴漢とはなに

んには、『性暴力と冤罪をめぐる社会学』(エトセトラブックス、2019年)を著した牧野雅子さんには、警察官として勤務した経験がありますが、警察には「性欲を主体として調書を取る」というマニュアルがあると同書で明かしています。これはクリニックの加害経験者から聞く話と一致します。彼らのほとんどに逮捕された経験がありますが、警察で取り調べを受けたときのことを聞くと、「性欲を抑えきれなくて犯行に及んだのだ」というストーリーが用意されており、それを認めるだけだったという話がたびたび出てきます。なかには、警官から「妻とはセックスレスかぁ、それはお前もつらかっただろう」と気の毒がられた、と話してくれた人もいます。

裁判になると検察官が被告(加害者)に「あなたは、性欲を抑えきれなくなり犯行に及んだんですよね」と尋ねます。これはとてもストレートな聞き方で、もっと歪曲的な方法が取られることもあります。情状証人として出廷した妻に「事件を起こす前、あなた方には夫婦関係がありましたか?」「セックスレスでしたか、どうでしたか?」と尋ねることで、被告は性欲をもて余していたということを裁判官に印象づけるというものです。私も情状証人として出廷することがあるので、こうした光景を何度も法廷で見聞きしていますが、即刻改めるべき慣習だと思っています。そこには、妻のせいで夫の性欲が暴走し犯罪行為という結果になった、というバイアスがかかっています。妻へのセクハラでもある点も問題ですが、さらに悪いことに被告本人がこの考えをインストールし、「だから自分が性加害をしたのは仕方がないんだ」という価値観を強化する道具に使うこともあります。

「加害していい理由」は、社会にある

私は「男性とは性欲をコントロールできない生き物だから、性犯罪を犯すものだ」という言説に、なぜ男性から反論が起きないのか不思議に思っています。これは男性から「違う、そんなことはない」とはっきり否定しなければなりません。友だちとの雑談中に性欲の高まりを感じても、その場でマスターベーションをする人はいません。私がこれまで対面してきた加害経験者のなかで、性欲の強さを訴えてきた人はごくまれです。その強い人ですら、実はちゃんと性欲をコントロールできています。交番の前や街の往来で女性を襲うことはなく、被害者や場所、状況や時間帯を慎重に選んで加害行為に及ぶからです。

本当は加害した本人も「性欲からではない」ということはわかっているはずです。しかし裁判までの過程で、すっかり性欲原因論を刷り込まれ、自分が悪いのではなく、自分に我を忘れさせた性欲が悪いのだという、責任逃れの考え方に過剰適応しています。再犯防止プログラムでは、どうすれば自分は再犯を防げるかを考える機会がたびたびありますが、シートに「性風俗店を利用する」と記入する人もいます。これはまったくの、的外れです。

風俗店で性欲を解消すれば犯行にいたらないのなら最初からそうしているはずですし、現に風俗店に頻繁に通いながら犯行を繰り返した人もいます。

性欲原因論がいつまでも払拭されないのは、これが男性にとって都合のいい価値観だからだと私は考えます。これを前提とすると、男性の性欲は受け止める先があってはじめて落ち着く、ということになります。受け止めるのは女性の役割です。妻がいる場合、それを怠れば妻の落ち度と責めます。女性によって男性の性欲が受け止められなかった、だから男性が性加害をする、というのは、加害行為の責任を女性に転嫁しているだけです。

これは性加害をした人たちの、特異な考えというわけではありません。先ほど裁判という場で妻が受けるハラスメントについて言及しましたが、妻にこうした言葉をかける人は司法の場以外にもたくさんいます。代表的なのは夫の両親や、場合によっては自分の両親です。私が勤めるクリニックには、性暴力加害者の「家族の会」もあるのですが、そこでは妻たちから「あなたが妻としての務めを怠ったから」「夫のことを拒んだから」と直接または間接に夫の犯罪の責任を転嫁され、責められるという話を、非常によく聞きます。性欲原因論は、社会のなかに古くから存在し、かつ少なくない人たちが共有している、一般的な価値観なのです。

このように性暴力加害者に、引いては男性全般にとって都合のいい価値観は社会にあふれています。性暴力の加害者は、こんなことを考えています。

「肌が露出した服を着ている女性は、実は自分を誘っているんだ」

「ちょっと触るぐらい許されるだろう、俺よりひどいことをしているやつは大勢いる」

「触っても逃げない女性は、もっとしてほしいと思っているはず」

これらは、クリニックに通う加害経験者へのヒアリングで出てきたものです。とんでもないと思われるかもしれませんが、彼らは大真面目です。私たちはこれを「認知の歪み」と呼んでいます。物の見方や考えが、自分にとってだけ都合がいいよう歪められています。これによって彼らが何を得るかというと、「加害していい理由」です。常習的な性加害には「これ以上すると逮捕されるかもしれない」という恐怖が常につきまといます。でも、やめられない。そこでみずからの加害行為を正当化する考えが必要になってきます。

注目したいのは、回答のバリエーションがとても少ないことです。個別性が低く、同じような回答に集約されるのは、これらは彼らが独自に作り出したものではないからです。「肌の露出が多い女性が悪い」にしても「夜道を歩いていた女性が悪い」にしても、すでに社会のなかにある考え方です。冒頭で紹介したとおり、女性に自衛を求め、被害に遭えば「自衛しなかったあなたが悪い」と責められる風潮からも、社会にこの考えがいまなお蔓延《はびこ》っていることは明らかです。彼らはその構造を巧みに利用して、自分のなかで「加害していい理由」を作り上げ、大切に育み、正当化しながら加害行為に及ぶのです。
加害をなくすためにすべきことが、ここでひとつ見えてきました。

性加害をする本当の理由

では、性欲があり余っているわけでもないのに、性加害をする人がいるのはなぜでしょう。彼らは性暴力を行使することで、何を得ているのでしょうか。その前に、先ほども触れた「加害者性」について考えたいと思います。

加害者性――加害者になる可能性といってもいいと思います。これは誰もが持っているもので、私も自身の内面に加害者性があるのを感じます。だからこそ、再犯防止プログラムで性加害者と向き合ったときに、自分と同じ地平を生きている人間だと感じるのです。「自分はそんなに暴力的な人間ではないから、加害者性なんてあるわけがない」と思った人も、きっといるでしょう。加害者性があることと、実際に加害をすることは、まったく別個の問題です。加害者性を常にむき出しにした人は、社会で生きていけないでしょう。そんなことをしてもメリットがない、という考えもあります。社会に適応できず、人とも付き合えず、仕事もできず、孤立するだけです。

日ごろは加害者性を内心にとどめておける人が、それを発露するのは、その人にとって何らかの〝メリット〟があるからです。具体的に言うなら、自分がストレスフルだったり追い込まれたりして、自尊感情が傷ついているときに、そのメリットは生じます。こうしたとき人は自分より弱い相手を見つけ、支配し、傷つけます。つまりは、加害行為です。そうすることで自尊感情を回復する……これこそがメリットです。自身の優越性が確認でき、自己否定的な感情が緩和され、心の落ち着きを取り戻す。そのために加害者性が表に出てきます。

再犯防止プログラムで加害経験者らに、加害していたときの心情を訊くと、「ストレスがピークに達していた」「自暴自棄になり、もうどうにでもなれという気持ちだった」という回答が多く、こうした負の感情をどうにかするために、性加害という手段を選んだことがよくわかります。加害者臨床の現場ではグッドライフモデルを学ぶプログラムがあり、このことを「幸せになるための手段として、性暴力を使った」という言い方をします。グッドライフモデルとは、人間は生まれながらに何らかの「幸せ」を追求し、犯罪行為はそれを不適切な手段で得ようとした結果だとする考え方です。従来は再犯するリスクや引き金を回避しようという治療モデルが主流でしたが、現在はそれに加えて、本人のエンパワメントを通じた「幸せ（＝健康な生活、知識、主体性や人間関係など）」の獲得により再犯を防ごうというモデルに移行しつつあります。

彼らは性暴力を使って一時の心の安定と満足を得ていたのです。これが、性暴力をする理由です。支配欲を満たし、優越性を確保し達成感を得たいのです。自分より弱い他者を踏みにじることで、自分の優位性を確認する――このことを人は早い時期から身につけます。子どものいじめもそのひとつで、悲しいことに、大人がそうしているのを見て学習するケースも多々あります。

また別の場面では、大人から子どもへの虐待という形で現れます。虐待する側も、排除され孤立化し、追い込まれることがあったのだとは思います。それが身近にいる、抵抗できない弱い存在に向かってしまい、ときに痛ましい結末を招くこともあります。本人もとてもつらい状態にあった。しかし、これは他者を傷つけていい理由にはなりません。

自分にも加害者性がある、何かのきっかけでそれが発露することがある。こう考えるのは、恐ろしいことです。それを否定するのではなく、内なる加害者性をしっかり自覚し、受け入れ、ときにはセルフトークといわれる自己との対話をするなかで、制御していく。これが成熟した大人に求められる態度です。

そこでプログラムでは「ストレスコーピング」を身につけます。コーピングとは対処法という意味です。ストレスを感じたときにそれを受け止めるための、そうすることで最悪の状態に自分を追い込まないための、具体的な方法をたくさん知っておくことで、加害をしない環境を作っていくのです。現代人はストレスと無縁でいられませんから、それぞれが対処法を持っていると思います。好きなものを食べたり、スポーツで汗をかいたり、友人に話を聞いてもらったり、サウナに行ったりといったことは、健全なコーピングです。「依存症とは不適切なストレスコーピングが習慣化した状態」と私は考えています。不適切なコーピングとは、どういうものでしょう。お酒や買い物はほどほどであればいいのですが度を越すかもしれませんし、ギャンブルは必ず勝つとは限らずそれがさらにストレスとなることもあります。けれど夢中になっているあいだはそのことを忘れ、そもそものストレスの原因となったこともどうでもいいと感じられるようになります。快感や多幸感をもたらす神経伝達物質、ドーパミンが出ているからです。次にストレスを感じたときにまた興奮と快感を求めるのですが、ドーパミンに耐性ができ、これまでと同じレベルの刺激では物足りなく感じられます。そして、さらに強い刺激を求めるように……ということを繰り返していくと、人は依存症になります。反復する性加害行動にも、依存症（嗜癖行動）と類似した側面があります。

心に穴が開いたとき、人を支配して自分の優位性を確認すると穴が小さくなります。しかし、生きていればこの穴はまた開きます。小さくするためには、またも人を支配しなければなりません。性犯罪には再犯が多く、何度逮捕されてもまた犯行に及び、執行猶予中も自分を止められず、ついに実刑判決が下されても、刑期を終えて出所するやいなや、また性加害をして逮捕される……。そんな人を私は何百人も見てきました。罰を受けることは当然ですが、それでは適切なコーピングのスキルが身につかず、いつまでも心の穴を小さくすることはできません。

相手が女性だと態度を変える心理

あらためて確認したいのが、追いつめられたりストレスを感じたりしたときに支配する相手が、「自分より弱い者」という点です。すべての暴力は強い者から弱い者へ、立場が上の者から下の者へと行使されます。決して腕力の話ではなく、社会的立場や経済力もそこに含まれます。腕力に自信がある屈強な男性はどんなに腹の立つことがあっても、目の前にいる小柄な女性が自分の雇用主であれば暴力に訴えようとは思いません。目的が自身の優位性を確認することにあるのですから、加害者性を発露したところでそれが叶わなければ、本人にとってメリットはありません。そこでまず歯向かって来ないだろう相手、つまり自分より立場が低く、侮《あなど》れる相手を選びます。

性加害者は、自分よりも弱いと思った対象を意識的または無意識的に狙う。私が考える、〝男が性加害者になる〟最大の理由がここにあります。男性という属性が女性という属性を低く見て、侮っている。つまり彼らのなかに女性蔑視（ミソジニー）の価値観がある。それゆえに、性加害は男性優位社会が生み出した産物といえるのです。

それでも、再犯防止プログラムに通って日の浅い加害経験者に「あなたは女性を低く見ているから、性加害に及んだんですね」と聞くと、間違いなく首を横に振るはずです。一般社会でも同じではないでしょうか。性加害は男性優位社会が生み出した産物と言えば、「いやいや、最近は女性のほうが優遇されているだろう」「いまは女尊男卑社会だ」という声が返ってくるでしょう。社会における自分の立場を不本意だと認識している男性ほど、特にその想いが強いはずです。

男性優位社会が過去のものではないことは、プログラム中の加害経験者らを見ているとよくわかります。それは、態度などのボディランゲージにしっかり表れているのです。たとえば私のような役職がついている男性スタッフが話しているときと、女性スタッフが話しているときとで、態度があからさまに変わる人は少なくありません。前者の場合は、椅子にきちんと腰かけ、前のめりで相槌を打つなどして聞いていることを態度で示すのに対し、後者の場合は腕組みをし椅子にふんぞり返った尊大とも言える態度で、目線があちこち動くなどして、聞いているのかいないのかわからない様子です。本人も意識しないまま、自動でスイッチが切り替わっているように見えます。

加害経験者だけではありません。『男が痴漢になる理由』という本のタイトルに神経を逆撫でされる男性が少なからずいるようで、発売時、クリニックにもときおり電話がかかってきました。受付の女性スタッフが応じると「この斉藤章佳という作者を出せ、話がある！」と居丈高なのですが、私が電話口に出た瞬間におとなしくなる……だけでなく、一方的に電話を切られたこともあります。

これと似たようなことが、社会のいたるところで起きています。2021年に当時、東京オリンピック・パラリンピック組織委員会会長を務めていた森喜朗氏が「女性のいる会議は、話が長くなるので時間がかかる」といった主旨の発言をし、それが女性蔑視にあたるとして批判が殺到しました。女性は発言の場を与えられにくく、発言してもこのようにその長さや量にばかり注目され、内容が軽んじられます。多くの女性が仕事などで経験してきたことの理由を、森氏の発言は象徴的に表していました。

加害経験者の根底に女性蔑視の考えがあることを示すひとつに、「モノ化」があります。「加害行為の最中、対象をどのように見ていましたか？」と尋ねると、「的（ターゲット）」「人形」など多様な表現が見られましたが、はっきり「モノ」と回答した人もひとりやふたりではありませんでした。相手のことを、尊重すべき対等な人として見ていない。もっと言うと、同じ人間として見ていないのです。人格があり名前があると思っていない。これがもっとも大きな認知の歪みではないかと、私は思っています。

そんな彼らも女性全般をそう見ているわけではなく、家族のことは大切に思っていて、家庭ではよき夫、よき父である人も多いです。そこで、「もしあなたの娘が誰かから、あなたがしたことと同じ目に遭ったらどうしますか？」と聞くと、間髪をいれずに「相手を殺しにいきますね」という答えが返ってくることがあります。妻や娘といった女性の家族を尊重できることをもって、「女性をモノ化しない」とは言えないのです。これも加害経験者らに限らず、社会全体に通じることだと思います。

特権性を意識するむずかしさ

男性にも女性にも加害者性がありますが、それを表に出して他者に暴力を振るう女性が男性と比べて圧倒的に少ないのは、日本では女性の地位が全般的に低く、自分より弱い立場の他者が周囲に少ないからだと考えられます。ＯＥＣＤ（経済協力開発機構）が毎年発表するジェンダーギャップ指数で、日本はもう何年も最下位クラスにとどまっています。これは政治、経済、教育、健康の４つのジャンルに分けて算出されるものですが、日本は政治と経済において男女格差が特に大きいという結果が出ています。女性の国会議員が少なく、女性の管理職が少ないという意味です。意思決定の場に女性がいないということが、男性優位社会を温存するのに一役も二役も買っていることは、疑いようがありません。

何事も、自分で努力し勝ち取ったものはその存在を重く感じますが、最初から与えられていたものには無自覚でいる傾向があります。それが、男性にとっての「男性特権」と言われるものです。男性は男性であるというだけでさまざまな特権が与えられ、女性より優遇されているという考えですが、日々の仕事や生活でそのことを意識している男性は、ごく少数にとどまるでしょう。自分が望んだわけでもないのだから、それも不思議ではありません。

特権があることはよく「下駄を履いている」状態に喩えられますが、日本社会では法と制度に「男性と女性は平等である」という建前があることで、その下駄は透明化され、履いている本人にも見えにくくなっています。履いていることを忘れるほどです。それゆえ、人から下駄のことを指摘されると、まるで自分がズルをしているかのように感じて、「そんなことはない」「そもそも男性特権などない」と反論したくなるのだと思います。これは、下駄を履いている個人ではなく、男性にのみ下駄を履かせる社会の構造に問題があるという話で、痴漢被害と冤罪被害の話に似ています。個人を責めているわけではないという認識が必要です。

特権を持ち、上下関係で上に立つことが多い人ほど、立場の違いに注意深くならないといけません。暴力とはその環境における定義権のことを指しています。つまり、場をコントロールし、意思決定をする権限です。これにより、下の立場の人を傷つけることが可能になります。下駄を履いていることに無自覚なままでは、そうならないよう気をつけることもできません。下の立場の人たちは常に気を遣い、上の人を怒らせないようにするでしょう。そうなれば居場所がなくなるかもしれないからです。上下関係は仕事上のものばかりではありません。親と子、教師と生徒、医者と患者……あらゆるところに存在します。社会的立場が弱い人でも、さらに弱い人にとっては〝上〟となります。相手を踏みにじらないよう注意するのは、上の立場にいる人の責任です。

生まれたときに選択の余地なく履かされたものなので、履いていることは本人の責任ではありません。けれども下駄を脱ぐという選択肢がある限り、履きつづけることには、個人の責任が伴います。私も、自分の持つ特権性に無自覚なまま成人し、仕事に就きました。この点においても、加害経験者らと自分は別の世界を生きていたわけでなく、同じ地平にいると感じています。

では、どうしたら下駄を脱げるのか。そのためには男性が自分の加害者性について、そして特権性について語る場が必要です。

大人は何を学び直せばいいのか

「性加害者にならないために」――被害に遭う側ではなく、加害する側にアプローチして性暴力根絶を目指すことに、社会の意識がようやく向き始めたと感じます。ひとりの加害者がひとりの被害者しか生まないということはあまりなく、複数の相手に加害行為をしているケースがほとんどです。痴漢や盗撮にいたっては、何百人、場合によっては1000人を超すケースも現場で見てきました。

諸外国では包括的性教育として、「加害者にならない」ための方法論が幼少期から教えられるそうです。日本でも2021年度から「生命（いのち）の安全教育」が教育現場で段階的に導入されています。これは、性犯罪・性暴力対策強化の一環で、幼児期、小学校低・中学年、小学校高学年、中学校、高校、高校（卒業目前）・大学・一般と、年齢と発達の段階に分けて教材が用意され、文科省のホームページで公開されています。

幼児期であれば「みずぎでかくれるところは、みせたり、さわらせたりしないようにしようね」と教えた後に「ほかのひとのみずぎでかくれるところをみたり、さわったりしないようにしようね」とつづきます。低年齢の子どもから子どもへの性被害は、被害認識を持つのがむずかしいことから本当に表に出てきにくいのですが、常にあります。それが相手にどのような影響を及ぼすか、自分のしたことの意味もわからないまま加害者になるかもしれないのです。実際にクリニックでは、低年齢の加害児童から「こんな大事になるとは思わなかった」という意見を何度も聞いています。

高校生向けの教材には、「恋人同士の間に起こる暴力のことを『デートＤＶ』と言います」として、そこに性的暴力も含まれることを示しています。また「性暴力はどうして起こるの？」という項目で、「性暴力は、お互いの関係が対等でない場面で起こりやすくなります」とあるのが画期的です。ほか二次被害にも触れられており、この年代のお子さんがいる親世代だけでなく、すべての大人に目を通してほしい内容です。

子どもに関しては、幼少期から段階的にこうしたことを学んでいけば性暴力は減っていくと期待できますが、残念ながらすでに大人になっている世代には、あらためて学ぶ機会がありません。「自分は性暴力なんかするはずがない！」「だから学び直しも必要ない」と思われるかもしれませんが、高校生向けの教材にあったとおり、性暴力をしないということは、人と対等な関係を築くことであり、それを学ぶのは人生において無意味にはなりません。

性加害経験者の再犯防止プログラムは、性暴力という、もっとも不適切なコーピングを選ばずにどう人と関係を築けるか、それによって幸せになれるかの答えを見つけることが最終目標で、これを前述したグッドライフモデルを通して学んでいきます。加害経験がない人にとっても、「加害者にならない」生き方を考えることは、自分は今後どんな人たちとどんな関係のなかで、どう生きるのかを見直す機会になると思います。

そのなかで核となるのが、「語る」という行為です。加害経験者を見ていると、自分の内面で起きていることを言語化し、相手に伝えるという行為を苦手としていることがわかります。そこでプログラムでは自分のことを語る機会をたびたび設けます。言語化を重視する理由は、それが衝動性と対極にあるからです。彼らは自尊感情が傷つき、追い込まれたとき、加害行為に及ぶという犯行サイクルを繰り返していました。これはとても不適切なストレスコーピングだと言えます。もし彼らが、自分がどれだけ傷つき大切な何かを奪われてきたかを言葉にし、信頼する他者に聞いてもらったりノートに書き出したりといったことができていれば、衝動的に人を傷つけなくて済んだ可能性があります。語ることで内なる加害者性をコントロールする、人はそんな力を持っているのです。

自分の弱さを語ることの意味

とはいえ、いきなり「あなたの内面を語ってください」と言われると、誰だって戸惑います。女性と比べて男性は相対的に、自分のなかで何が起きているかについて語る言葉を持っていないというのは、多くの人がうなずくことでしょう。しかもここで言う「語る」

はただ言葉数を多くするというものではありません。男性にも、饒舌《じょうぜつ》な人はいます。語る内容が重要なのです。

再犯防止プログラムで、こんなシーンがよくあります。参加している加害経験者が何かを言葉にしたときに、私たちスタッフから次のように尋ねるのです。

「いまの言動は、thinkですか？　それともfeelですか？」

訊かれたその人がthinkだと答えたときは、ではその背景にどんなfeelがあるのか、自身の内面を探ってもらい、feelだと返ってきたときは、さらに詳しく身体感覚に働きかけます。が、たいていの答えは「think」です。

説明するまでもなく、think＝考える、思考するに対し、feel＝感情、内面で感じることです。加害経験者らは、feelを語ることをとても苦手としています。というより、これまでの人生で自身のfeelに目を向けた時間が、非常に少ないため手つかずの状態であるように見えます。たったいましたばかりの動作（非言語的コミュニケーション）に対して、それはどんなfeelからのものかと尋ねると、最初のころは「何を訊かれているのかわからない」という表情になり、言葉が出てくるまでに長い時間を要します。ときにはいくつか選択肢を提示し、どの感覚がいちばんフィットするかを確認しながら、本人の内的プロセスにアクセスしていきます。こうしてスタッフから事あるごとに問いかけ、その都度、言語化してもらうというトレーニングを積むのです。

語ることの男女差は、男性が生きていくなかでfeelを押し殺すよう、幼いころから抑圧を受けてきたからではないかと考えられます。「男の子なんだから泣かないの！」「男がそんな情けないこと言うなよ」「つらいことは気合と根性で乗り切れ」といった具合に、男性が自身の弱いところやネガティブな側面を表現することは歓迎されません。成長過程でfeelを否定されてきたも同然なのです。これが語るうえでの、もうひとつのポイントです。自身の「弱い」部分を語ってほしいのです。

再犯防止プログラムは性暴力の依存症としての側面に着目して作られたものですが、ほかの依存症でもこの「語る」ことは回復における最大のキーワードのひとつです。アルコールや薬物依存症からの回復では、自助グループといって、同じ依存症を抱えた人たち同士で、語り、分かち合い、仲間の語りを聞き、体験を共有する集まりへの参加が効果的です。ここでは誰が何を話しても責めたり否定したりせず、ただ受け止めるのがルールです。私もたびたび参加しています。

ソーシャルワーカーとして依存症の臨床に携わるようになったころ、長く自助グループに参加しているアルコール依存症の回復者から、こんなことを言われました。

「斉藤さん、私は君の弱い話が聞きたいんだ」

最初は驚き、抵抗もありました。しかし実際に自分の弱い部分や恥ずかしい過去を言葉にし、分かち合い、その場にいる人に受け入れられたと感じたときに、これまで経験したことがないほど心があたたかくなるのを感じたのです。自助グループでは、肩書や年齢で上下関係をいっさい作りません。名前もいらず匿名で参加できます。たとえばアルコール依存症の場合、長年酒をやめている人も、やめて間もない人も、全員がフラットな関係です。ここに来れば仲間がいて、自分のことをありのままに語ることができ、仲間がうなずきながら聞いてくれる、というのは大きな支えになります。弱い部分を隠そうとするのは、thinkの働きです。社会的な立場や名前と一緒にthinkを封印して、語るのです。

私は男性全般に、こうして弱さをさらけ出して語れる安全な場が必要だと思っています。それがゆくゆくは、性暴力を減らすことにつながるに違いありません。語るトレーニングを日々積んでいくと、自分自身のfeelを無視できなくなっていきます。それは、他者のfeelもないがしろにできなくなるということです。加害者性が顔を出しても、その原因となったネガティブな出来事を言葉にすることで、それを制御できます。これまで押し殺してきたfeelを回復するには、時間がかかるかもしれません。訓練も必要です。けれど、これはいますぐ実践できることでもあります。気づいた人から、始めてほしいです。

それが自分と、身近な人の人生をよりよくしていくための処方箋になるはずです。

第6講

「ジェンダー」〜〝らしさ〟を問い直す〜

村瀬幸浩（性教育研究者）×田嶋陽子（元法政大学教授）

村瀬　50歳からの性を考えるうえで、私はぜひ田嶋さんとお話ししてみたかったんです。

田嶋　ありがとうございます。村瀬さんはもう40年以上、性教育に携わってこられたんですよね。私は日本の性教育ってその問題点を考える以前に、ほぼ「なかった」と思っているんですけど、村瀬さんのお考えは？

村瀬　それはまったく正しい認識ですよ。日本の性教育は、ここ3、4年でようやく、学校だけでなくメディアでも政治でもその必要性が叫ばれるようになってきましたが、それまではあまりに足りなかったと断言できます。２０００年代はじめにはジェンダーバックラッシュといって、性教育を「過激だ」「行き過ぎている」と糾弾する動きもありました。いまの50歳前後の方はその前夜とでも言うべき時期に、中高生時代を過ごしたことになりますね。

田嶋　私は性教育を、人間教育だととらえています。人生教育と言ってもいいですね。それなのに、日本ではいまもって「性のことを子どもに教えたら、みんながセックスをするようになる！」とかバカげたことを言う政治家たちもいるんですよね。

村瀬　寝た子を起こすな、とよく言われました。性教育でセックスについて学ぶ——これ自体は間違いではないんですが、私は性行為を含む人間関係全般について、そして自分自身について学ぶ時間だと考え、取り組んできたんですよ。「性」だけでなく「生」について何を知り、どう考えるかということが抜け落ちた状態で、セックスの方法だけを知るものではない！ という話を、いまでも高校生や大学生にします。なかには男子校もありますよ。真剣に聞いてくれているなぁ、と手応えを感じることが多いですね。

田嶋 それは真剣でしょう、いままでそんなこと話してくれる人はほとんどいなかったですから。目から鱗よね、きっと。性教育は人生すべての根幹にあるもの、それをないがしろにするわ、子どもを知らないままにしておくわ、というのは、国が根幹から歪んでいるからじゃないかと私は考えていますよ。

村瀬 はい、その歪みが結局はセックスにも表れるんですよ。少し古いデータなのですが、イギリスのコンドームメーカーが世界各国でセックスの頻度と満足度を調査したところ、日本は頻度も満足度も最下位だった。世界一セックスしていないし、しても満足できていない国だということがわかったんです。

田嶋 さもありなん、といった感じですね。それはどうしてだとお考えですか？

村瀬 日本における「セックス」とは、男性が女性を支配する行為になっているからです。長いあいだそうでしたし、残念ながらいまもさほど変わっていません。そのうえ、メディアにはそれを強化するような情報があふれています。本来ならセックスは、「快楽と共生」を核にしたものです。それが感じられるセックスは満足度が高いですし、頻繁にしたくなるでしょう。でも日本ではセックスが互いの楽しみではなく、攻撃と支配の手段になっている。これでは女性がつらいのは当然のことですが、男性も実は楽しくないんです。それで世界最下位という結果になっている。

田嶋　日常生活における男性中心の女性差別的な状況が男女の性生活にも如実に反映されているということですね。私が聞く限りの話ですが、セックスの最中、男性に「この体位は好まない」「もっとこうしてくれたほうが気持ちいい」といったことをはっきり言える女性はとても少ないのだとか。主導権は男性だけにあって、女性はつらいのを耐えているか、演技をして早く終わらせようとしている……これっていまでもそうなんでしょうか。

村瀬　私たちの世代では大半がそうだったと思いますし、いまの50代もそうしたセックスが多いでしょう。もっと若い世代も同じように見えますよ。言えない、というより、女性はそんなことを口にすべきではないし積極的であるべきではないとされているからですよね。これも性教育が貧困すぎたがゆえだと、私は思うのですよ。

学校での性教育は長らく、男性と女性は対等である、というところから出発せず、いきなり「女性は生理が始まると、妊娠する可能性があります」という話をします。それでいて、妊娠にいたるまでの過程は教えないという指導要領の〝はどめ規定〟がいまでもあります。子どもたちはセックスについて学ぶ機会がないうえに、セックスは男性の能動性、攻撃性の上に成り立つものであるという情報ばかり巷《ちまた》にあふれていて、それらがとても刺激的なものだから、子どもはすぐに刷り込まれます。そして女性の身体や快感は置き去りにされてしまいます。

教科書にクリトリスが描かれない国

村瀬　田嶋さん、実はいまでも高校の保健体育の教科書には、女性の外性器の図解があるのにクリトリスは描かれていないんですよ。

田嶋　えっ、それはなぜですか？　男性のペニスは描いてあるんですよね。

村瀬　もちろん当然のごとく、描いてあります。

田嶋　女性のクリトリスは解剖学的に男性のペニスに相当するのに、おかしな話ですね。

村瀬　たとえばオランダでは中学校の生物の教科書に、クリトリスがちゃんと正面から描いてあって、男女ともそれを見て学びます。膣よりも性的に敏感な器官だから、マスターベーション……私は「セルフプレジャー」と言っていますが、そのときにここに触れて刺激する女性が多い、という説明もあるんですよ。

田嶋　それ、とても大事なことです！　クリトリスの存在を無視されているということは、日本でのＦＧＭ（Female Genital Mutilation）と言っていいですね。アフリカや中東のほか、いくつかの国にいまも残る、女性のクリトリスを切除してしまう慣習のことです。なぜそんな酷いことをするのかというと、クリトリスで快感を知ったら女性は自由を望み、逃げたり浮気したりするかもしれない、と男性が思い込んでいるからですよ。女性が快感を得ることを否定しているんです。女性のセックスを子産みのためだけのものにします。

たしかに思い返してみると、私たちが子どものころは自分の性器って不可侵の場所でした。女の子は、自分の身体なのに見ちゃいけないし、触っちゃいけないとされていた。あそこは自分のためでなく、だれかほかの人のためにあるような感じだったことはたしかです。当時は、まだ「処女」とか「貞淑」とかいう言葉が生きていた時代ですから。処女も貞淑も家の血筋を守るためのものですよね。私たちの世代ではクリトリスのあるなしにかかわらずその図解も見たことなかったし、大人になってもどんな構造なのかよくわかっていないという女性は、多かったんじゃないですか。

村瀬　クリトリスを「おしっこが出る尿道口と同じ」ものと思っている40代女性は、私が知っているだけでも何人もいて、社会的にも少なくないでしょう。それで性について、ましてセルフプレジャーについては口にもできないと思っています。いまの若い世代も「セックスについては友だちと話せても、セルフプレジャーのことは話せない」という声が多いです。そもそもセルフプレジャーの経験率を見ると、男性はセックスの経験があってもなくても9割以上ですが、女性はそれよりずっと少ない。しかもセックスを経験したあとに始める人が多いんですね。男性はセックスの初体験の前からセルフプレジャーを始めています。

私は女子大で性教育、セクソロジー（性科学）の授業を20年以上担当していましたが、その最初のころの学生がいまの50歳前後です。当時は、自分の性器を触ってみようと女子学生に言うには勇気がいりました。セクハラだと言われるんじゃないかと思ってね。

田嶋　考えてみれば、ホント、おかしな話ですよね。自分の体なのに見ても触れてもいけないなんて。長いこと無意識にそう思わされていたなんて。

村瀬　そのうち私も度胸がついて「自分が触ったこともないところに、人のペニスを挿れるな！」などと教えてましたね。

田嶋　それを聞いてハッとした学生は多かったはずですよ。セルフプレジャーをしていると自分から言えないのは、それが自分の欲求から始まっているからでしょう。セックスだと「男性に求められたから」という言い訳が立つけど、それがない。いかに、女性が主体的に欲することが〝ない〟ことにされてきたかってことですよね。ただ2022年11月の新聞に幼い女の子のセルフプレジャーをどうしたものかという記事が載っていて、世の中、少し動いていると感じました。

男たちはペニス信仰から解放されたか？

村瀬　50歳という年齢を考えると、性生活においてはひとつの節目となりますね。女性は更年期、閉経というライフイベントがある。ホルモンの分泌量がどんどん減って生殖の時期を終えるわけですね。更年期は男性にもあって、やはりホルモンの影響を受けて心身に影響が出る人もいるのですが、これがまだあまり知られていない。ただ「イライラしている」とか「怒りっぽくなった」とか。それから性欲の減退や勃起不全（ＥＤ）が顕著に表れる人もいます。性生活を維持するには男性本人もですが、パートナーもこのことを知っておいたほうが、すれ違いを避けられます。

田嶋　でもね村瀬さん、夫婦仲がよくて今後も性生活を維持していきましょ、っていう夫婦ならお互いの身体の変化を理解するよう努めるし、工夫もするでしょうけれど、そうでない場合は夫の性欲減退は、妻にとって「あー、よかった！」という出来事になっちゃいませんか。「やっと卒業できる！」という女性、多いと思うなぁ。かつて女性たちは夫婦間のセックスを「おつとめ」と言っていました。要するに義務だったわけです。ペニスなしで愛し合うためには、ふたりがお互いを心からいとおしいと思わない限り、ムリではないでしょうか。

村瀬　それは女性側の問題ではなく、男性が変わるべき問題ですね。田嶋さん自身が30年も前に、『愛という名の支配』（現在は新潮文庫）で「ペニスなしでどこまで人を愛せるか」と題して書いてらっしゃる問題ですよ。

田嶋　男のなかにあるペニス信仰と、『おれは男だ！』みたいな部分と、女性を「穴」と「袋」としか見ない部分と、これから男たちはどう闘っていくのか、男も女も自分のなかの内面化された男文化と向きあってはじめて、そこから、新しい女と男との関係が始まるんじゃないかと思います。

村瀬　私はそこにすごく共感しましたし、いまあらためてうかがって、その想いを一層強くしています。何を隠そう私も、50代、60代で思うように勃起しなくなってきた。妻に相談したら「無理しなくていいよ」と言われ、それでもED治療薬を飲んでみようかと提案したところ、「やめてほしい」と返ってきたんですよ。妻にとって挿入は必ずしも必要なものではなくなっていた。ではその前提でどう愉しむか。これをふたりで一緒に考えるようになって、人生の後半が楽しくなってきました。

田嶋　その考え、最高！

村瀬　私はいま80代ですが、「まだ現役ですよ」と話すことがある。すると聞いた人たち、特に男性は勃起、挿入、射精のことを言っていると思って「すごいですね！」「秘訣を教えてほしい」なんて言うのですが、いや、そういうのはもうとっくに終わっています。でも、挿入にこだわらないセックスは何歳まででもできる。だから「性の現役」なんです。

田嶋　それは対等な関係だからできることだと思いますよ。夫が妻に平気で「うちの主人が」と言わせているようでは、無理なんじゃないですか。ドレイじゃないんだから。

村瀬　そうですね。男性が女性を支配することをセックスだと思っている――この性生活における歪みは、学校でも家庭でもまともに性教育がなされてこなかったことに大きな原因があることは間違いないです。いま、家庭での性教育が必要といわれるけど、親世代にとっては自分たちが学んでこなかったものだから、子どもに教えることにむずかしさを感じるのも当然です。

でもね田嶋さん、この原因をもっと掘り下げていくと大日本帝国憲法に始まると私は思っているんです。何を大げさな、と思われるかもしれませんが……。

田嶋　いえいえ、おっしゃるとおりですよ。最初に性教育は人間教育、人生教育だとお話ししましたが、それを考えるときには人権というものが欠かせません。日本が人権後進国なのはよく知られていることです。いまのこの国のつまずきはほとんどが人権問題です。

村瀬　特に、女性の人権ですよね。明治時代に大日本帝国憲法が制定されたことで、男性と女性の役割が決定されました。女性の財産権が否定され、結婚をはじめとする人生の大事なことがすべて家父長、つまり男性の了解を得ないとできないことになりました。女性は選挙権も被選挙権もなく、つまり社会において独立した個として一人前とは認められない存在だった。戦後、日本国憲法にあらためられ、国民はすべて平等であって性別で差別されないとされましたが、実際には差別は旧憲法意識や慣習としてずっと残っています。

田嶋 男性は富国強兵を生き、女性はそれを支えるために「良妻賢母」を生きる。ここには、役割としての良い妻と賢い母、すなわち夫を支える妻と養育の母を生きる役割はあるけれど、人の人間を生きる「自分」はいない。

女らしい女は、ひとりで生きられない

田嶋 日本では、女性、子ども、それから日本に住む外国人の人権も、ものすごくないがしろにされています。日本は、いまもって、明治時代さながらの長老の国、男の国なんですよ。年寄り、しかも男性の年寄りが威張っている社会。大臣も国会議員も、企業のトップもそういう人ばかりでしょ。彼らは人権について考える能力がない。これじゃあ、自立した人たちが集まった民主主義国家になるはずがありません。

それが私たちの人生、生活においてどういう形で表れてくるかというと、性別役割分業です。つまり「男は外で仕事、女は家庭で家事と育児」と、個人の能力や適性、希望ではなく、性別によって役割を決めること。家庭に限った話ではなく、社会でも「男性がメイ

ンで働き、女性はそのサポート的な業務」というのはいまだによく目にする光景です。それというのも国民の半分を占める女性を労働者として男と対等に扱わなかったからです。その結果、女は二級市民扱いされています。これってまだ身分社会みたいなものですよね。生活のなかでは、男は仕事一本で自立ができない。女は生活自立ができてもお金がない。結果、女と男は自立できない人間同士がセットでやっと一人前。ふたりでひとり。こうしてふたりでひとりにはなってがんばってきた国の経済発展もトンザ。結果わかったことは、ふたりでひとりは効率が悪いということ。

私は30年以上前から「女はパンを、男はパンツを！」と言ってきました。パンというのは「働いて、自分で食べるぶんを稼ぎなさい」という意味で、パンツは家事のこと。自分のパンツぐらいは自分で洗いなさいよ、すなわち男も家事と育児をせよと。当時は、女性は結婚して専業主婦になって企業戦士を支えるのがあたりまえでした。専業主婦は家事や育児、介護といった労働を一手に引き受けているわけですが、それに対するお給料が払われることはありません。女性の老後は貧乏です。

村瀬　しかも家事って、毎日毎日のことです。私はいま夫婦ふたり暮らしで妻の体調が思わしくないこともあり、家事はかなり私がやっていますが、以前はそうではありませんでした。継続して担うようになってはじめて、その苦労を知りましたね。妻が入院して自分ひとりで食事をするとき、料理した後それを盛り付けて食卓に運ぶことが面倒に思えて、そのままキッチンで食べたことがあります。そのとき「調理というのは、自分のためにするんじゃない。人のためにするものなんだ」と思いましたね。それを妻は長年担ってきた。

田嶋　私なんてひとりで暮らしていても、ときどき家事をするのがイヤになっちゃいますよ。ときどきお茶碗を洗っている途中で放り出して、ベッドにひっくり返っています。ひとり暮らしでは量が少ないだけで、やることは同じ。でも家族の人数が多いと、さらに重労働ですね。

村瀬　家事とは、総合的な労働ですよね。それが1週間や1カ月ではなくずっと何年も何十年もつづく……実にたいへんなことです。

田嶋　それなのにタダ働きなのですよ。それというのも、男性中心の社会から男らしさ、女らしさをそれぞれ押し付けられているからです。男らしさを生きるとは、独立した人間に育って金を稼ぐということです。「理性的」「たくましい」「経済力」「リーダーシップ」などなどですね。

一見いいことに見えるかもしれないけど、これによって男性は会社のため家族のためという名目で40年以上身を粉にして働いていくことになる。それはそれでしんどいことで、最近になって「男もつらいよ」ということも言われるようになりました。ただ、「男らしさ」の弊害はそれで終わらない。第5講で斉藤章佳さんも指摘しているように、男はfeelを押し殺し、thinkだけの人間になっていく。要するに、観念的になって、人間関係や思想、創造の原点にある感情の抑圧に向いていった結果、自分の本当の気持ちや相手の気持ちがわかりにくくなっていく。年輩の夫婦のあいだに会話や触れ合いがないのも、性生活が「おつとめ」になるのも、「さもありなん」といったところです。

一方で、女らしさのプラスイメージには自立できる要素はなくて「気配り」「従順」「素直」「控えめ」などなど相手を思いやる要素だけです。これを、真正直に生きたら自分を持ちにくい。人の顔色ばかりうかがう人間に育ってしまう。男はそれをよしとして「俺が養うから俺についてこい」ということになる。その結果男は稼ぎ手の一級市民に、女はそのお世話をする二級市民におとしめられる。すなわち、経済自立できても家事は無視して仕事に埋没する夫と、その夫の世話をする稼げない女の組み合わせは、明治時代からの延長線上にあります。

たしかに1990年代から2000年代にかけて、女性が妊娠出産を経ても仕事を続けるようになり、専業主婦の数は減りました。では女性がひとりで生きやすい社会になったかというと、社会は男性の給料の70%レベルしか女性に支払っていませんし、そのうえ女性は非正規雇用の人が大多数ですよね。配偶者控除の問題もあります。たしかに人々の意識は変わってきていると思います。でも、悲しいかな制度が変わっていない。選択的夫婦別姓制度も何十年かけてもまだ国会を通過していない。「姓がなんだ」という人がいるかもしれませんが、これは先ほど村瀬さんが言及なさった明治時代の家父長制の延長で、個としての女性の人権が認められていない時代から続くもので、結果として性別役割分業を固定的なものにする役を果たしています。太田啓子さんは第3講で男がDVを始めるきっかけは「結婚で妻が改姓した」ことで、妻が夫の所有物で、夫をケアするための存在とみなすようになったからということを書いておられます。

男と女がそれでも結婚したい理由

田嶋　そもそも日本では、結婚というもの自体が法的にも不平等な制度なんですよ。

村瀬　それもあってか、未婚率はどの世代も上がる一方ですね。でも実は、「将来結婚したい」と思っている男女は、少しずつ減りはじめているとはいえ依然として多いんですよ。「いずれ結婚するつもり」と考えている未婚男女は、18～34歳のうち全体の8割以上にのぼります。だけどこれが恋愛となると話は別で、調査によると「とくに異性との交際を望んでいない」と答える人が男女とも約3割、これは年々増えています（国立社会保障・人口問題研究所「第16回出生動向基本調査」2021年）。

田嶋　恋愛なんかしていられない、って感じなのかな。村瀬さんはどう考えているんでしょう？

村瀬　経済的な理由が大きいのはもちろんですが、男性も女性も子どものころからひとりでいることが多く、関係づくりが面倒でできないように見えますね。フラれたり失敗したりして、傷つくことを怖れているのかもしれません。

田嶋　関係を築こうと言われたって、こんな上下関係のあるところでどうすればいいの、っていう想いもあるんじゃないですか。いい関係は、どちらかが努力しなければ成り立たない。どっちがするかは決まっています、上下の下のほう、すなわち女性のほうですよ。でも女性にも収入があれば無理に自分を折る必要がなくなる。女性のタダ働きの家事労働を期待する結婚は少なくなるはずです。

村瀬　世代にもよりますが、それはひとつの大きな課題点ですね。若い世代ではいまでも、親からのプレッシャーが強いようです。40代になった大人でも親から「結婚」を促される話はよく聞きます。それはつまり社会からのプレッシャーでもある。「一般に大人であるためには、何が必要だと思うか」というアンケート調査で、「20歳になること」などと一緒に「結婚している」が上位に入っています。これは、結婚することで「一人前になる」という考えがいまだ根強いからではないかと思っています。

田嶋 それもおかしな話ですよね。日本での結婚は長らく、自分の身の回りのことをできない男性と、稼ぎがなくて自分ひとりでは生きていけない女性が一緒になることでした。半人前同士が一緒になってやっと一人前になる。男は金さえ稼げばいい、女は男の面倒を見ればいいって。そういう歪《いびつ》な育てられ方をした男と女がひとつのセットになることが結婚であると、そんな価値観がいまでも親から子に受け継がれているように見えます。

村瀬 性別役割分業については、現在の若年層はだいぶ変わってきています。日本性教育協会が若年層を対象にジェンダー意識を調査したところ、「男性は外で働き、女性は家庭を守るべきだ」という考え方に対して、「そう思う」と思った男子生徒は、中学生で男子が11％、高校では7・3％、大学では4・2％。女子は、4・3％、3・5％、0・8％……少数派であるうえ、年齢が上がるほど割合が減っています。

田嶋 いいですね！ 未来は明るいですね。

村瀬 これには高校の家庭科の授業が男女共修になったことが少なからず影響していると私は見ているんですよ。1994年のことなので、いまの40代半ばぐらいにその境目がある。男性も家事をするというメッセージが学校や社会から発信されて、それを受け取ってきた層が増えている……ところが現実問題、現在の働き方、というより〝働かされ方〟ですね、これでは男性が家にいる時間がどうしても短くなる。だから結婚した男性は、引き裂かれているように見えます。会社からは「職場にできるだけ長くいて仕事しろ」と言われ、家庭からは「早く帰ってきて家事や育児を一緒にしてほしい」という要請がある。

田嶋 その結果、いまでも男性ができないぶんを、女性がひとりで肩代わりしているんですよね。働く女性に管理職に就きたいかどうかを尋ねたら、「家事がおろそかになって家庭が回らなくなるから就きたくない」と返ってきたことがあります。生涯働きつづけるようになってなお、家事、育児をほぼ一手に引き受けているうちは、女性の社会的地位は低いまま。給料も男の70数%。男は会社と家庭の板ばさみになり、女は自分を十分に働かせてくれない家庭と会社に不満を持つ生活。これは女性差別をその基盤として成り立たせてきた日本社会と政治の問題ですよね。

村瀬 男性も女性も時間がなくて余裕もなくて、それで結婚という制度からくる上下関係もある……こんななかで、相手に近づいて、寄り添って、触れ合いたいなんていう気持ちにはなりにくい。結果、セックスレスになります。

田嶋 別個のところにある問題じゃなくて、ぜんぶめぐりめぐっている問題ですよね。

村瀬 性別役割分業が、ふたりのあいだにある性的な思いや欲求をおざなりにさせ、それどころか関係をむしろ悪くさせていますね。これは非常に重要な問題で、なぜなら当人たちの意識だけで変わるものではないからです。法や制度が変わるのも大事ですが、社会の意識を切り変えること、私はずっと性教育という角度からこの問題の答えを探ろうとしてきました。

家族にも越えてはいけない境界線がある

村瀬　男らしさ、女らしさをどこから学ぶかというと、まずはじめは親からですよね。お父さんお母さんがいる家庭では、子どもにとってそれがもっとも身近な男らしさ、女らしさのモデルになるし、家庭で過ごす時間の長さを考えると、学校やメディア以上に影響力は大きいと思います。親がどう生きているか、夫婦としてどうなのかは子どもに決定的な影響力を及ぼすし、そこからどう抜け出るかということを長い時間かけて考えていくことになりますね。

田嶋　母は父が満州で徴兵されたあと2歳未満の私を連れて日本に引き揚げてきたのですが、父の親戚と母親の実家とを転々とせざるを得なくなって、「人に食わせて」もらう居候の身に打ちのめされたんですね。そこから私への教育が始まりました。「手に職を」がモットーでした。その一方で、母は「女らしくしないとお嫁に行けない」と言いました。青信号と赤信号を同時に出されているような状態です。だから私、おかしくなっちゃったんですよ。カウンセリングが一般的でなかった時代に本を書き続けてそれが10冊を数えたとき、や～っと自己回復できたと感じましたね。

そんな母が茶碗を洗いながら泣いていたんですね。「なぜお母さんばかりが、茶碗のお尻を撫でていなきゃいけないのか？」って。何かと言えば「世間が、世間が」と世間そのものみたいな母に対して恐怖を抱いていた私でしたが、その母もまた「女らしさ」に閉じ込められて人間としての自分を生きられないことを悔やんでいたんだなって。大人になってから、私がフェミニズムを生きるようになったとき、この母の言葉がとても大事だと思いいたりました。

村瀬　子が親の影響力からどうやったら抜け出せるかを考えるとき、家を出る、物理的な距離を保つことが、ひとつ重要だと思っているんですが、田嶋さんはどうでしたか？

田嶋　それは同感です、私の場合は大学進学で地元を出て、家族と距離ができたおかげでいろいろ考えることができました。

村瀬　結婚と仕事のダブルバインドは、多少形を変えてはいますが、いまの50歳前後の人たちも親世代から言われてきたでしょうね。

田嶋　自分なしの母親は言ってみれば世間の代弁者なんです。私の母もいわゆる良妻賢母で、だからこそ、娘を女らしく結婚に適した女に育てようとしました。でもそれは、自分がなんとか適応しながら生きてきた男社会の価値観を娘に押し付けるということ。立場が弱い人ほど家父長制の、政治の、地域の共同体のなかで優等生になります。じゃないと生きていけないですからね。そうして自分なしの人が世間を代弁するようになり、それをより弱い立場に押し付ける。家庭のなかでは多くの場合、その相手は子どもになります。

結局、自分が生きたいように生きられなかったという想いを、母はずっと抱えていたんでしょうね。だから大学に行かせてもらった娘の生き方に嫉妬していた部分もありました。それでも母は70歳近くなってから、私の講演のテープを聞いてくれたりしていたようです。

村瀬 親子でも夫婦でも、基本的には「他者」であるという前提は、忘れてはならないのですが、日本ではそこが曖昧になりやすいと感じます。これにも性教育が関係していて、世界で行なわれている性教育では、小学校に入る前から「バウンダリー」について教えます。自分と他者のあいだにある境界線のことで、身体に触れる、触れないといった物理的なことだけでなく、精神的なことも含みます。相手の同意を得ずバウンダリーを越えてはいけないんです。

田嶋 特に親と子のあいだの境界線なんて、これまで日本ではほとんど考えられていないんじゃないですか。

村瀬 そうなんですよ。私も、家族とのことでそれを思い知りました。私自身は8人きょうだいの末っ子で、大人数の家族のなかで育ってきました。結婚6年目に、遠方に住んでいた妻の母を呼び寄せて一緒に暮らそうと私が提案したのも、戦争で夫を亡くして以来、シングルで娘を育て、娘が自立してからはひとり暮らしをしていて寂しかろうという想いからでした。私はてっきり妻は喜んでくれると思ったし、たしかに感謝はされたのですが、そのとき一瞬浮かない顔をしたのを覚えていたんです。

その理由があとになってわかりました。私はそのときすでに性教育の仕事を中心にしていましたが、講演依頼など連絡をくださるのは全国の女性教諭や養護の先生、それから母親たち、つまり女性がほとんどです。そのころ、妻の母は私に「女」がいるのではと猜疑心を持つようになり、講演の宿泊先のホテルに電話を入れたり、出張先から帰ってくると深夜、玄関に仁王立ちでにらみつけたり……私は私で、彼女を講演に招くなどして理解してもらおうと努めた時期もあったのですが、それでもやまず、そのうち、黙っていた妻も母親を止めるため厳しい言葉を使うようになりました。自分の娘からの叱責に逆上し、やがて「あんたたちは別れろ」「離婚しろ」とまで叫び始めたんです。

田嶋　それは、地獄ですね。修羅場でしたね。

村瀬　ええ、当時はまさに地獄だと思っていました。でも彼女は彼女で「娘とその夫が結託して、自分をないがしろにしている。いつか捨てられるんじゃないか」という、いわゆる見捨てられ不安に駆られていたのでしょうし、いま思えばすでに心を病んでいたと思いますが、当時はそんなふうに考える余裕もありませんでしたね。同居を提案したとき妻がためらいを見せたのは、たぶんその性格とか事情がわかっていたからだったんですね。

つまり私は身をもって知ったのです。親子であろうが一緒に住んでいようが、他者は他者なんだと。それを前提として、お互いにとってどうしたら生きやすいかのルール作りを本気でしていかなくてはいけない。これが人間関係を築くうえでの基本なんです。

田嶋　本当にそう。親だから、子だからといってその関係に手抜きは禁物ですね。「愛があるから」というのは、とても危険な考え。それは自分のエゴなんだって気づかないといけない。

村瀬　私の考える性教育は、家族の人間関係についてからスタートするんですよ。そこで子どもが育ち、親を見て、影響を受けるんだから、たいへん重要なわけです。

田嶋　日本では家族が一緒にいるのがいい、一体感があるのがいいと思われていますが、これは世界的に見ても、とっくにおかしな考えになっているんです。そのわりに、本当はバラバラに見えますけどね。私はイギリスに恋人がいたときがあって、日本を行ったり来たりしながら10年ほど暮らしました。当時、イギリス人の精神分析医の女性と親しくしていたんですけど、彼女には3人子どもがいて、それぞれ父親が違うんです。

村瀬　日本だと「複雑な家庭」と言われそうですね。

田嶋　それがイギリスでは、もうあたりまえでしたね。あちらは家の修繕やリフォームも自分でしますが、週末ごとに3人の子どもたちの父親がきて家作りに参加する……しかも男たちはそれぞれ国籍が違うんです、フランスとイスラエルとロシアだったかな。彼らは彼らでほかに家庭を持っているのに、月に一度は子どもとその父親がみんな集まって、彼女の家でパーティするんですよ。すごく自由！　女性からすれば、好きな男性の子どもを産んで、でもその人とずっと一緒に住まなくたっていいけど、いざというときは助け合えるって、ほんと最高なんですよ。みんな、個人で生きていましたね。

村瀬　日本では、いわゆる血のつながりが重視されていますよね。私はこれは違うと思っていて、授業や講演でもよく「血はつながっていない」と話すんです。科学的に言っても、血液はそれぞれ自分で作っていて、「同じ血が流れている」ってことはないんです。

田嶋　いいですね、その考え！　逆に言うと、人類のルーツをたどればアフリカのたったひとりの女性から始まっているんですから。血が持ち出されるのは、日本に家父長制が根強いからですよ。これが政治にも表れています。社会保障も家族単位で考えられていて、個人を救おう、大切にしようという考えにはならない。このとんでもない考えがどこから始まっているかということを、私たちはちゃんと知らなければいけないですよ。

村瀬　性教育というと、自分とパートナーの話になりがちなんですが、50歳からの性教育ということで私が読者のみなさんに知ってほしいのは、パートナーだけでなく自分の子ども、親、きょうだい――家族はそれぞれみんな「個」であるということです。「個と個」のあいだで人間関係を築いていく。そうしてはじめて、家族にもいろんな形があると考えられる。お父さんのいない家庭もあれば、ステップファミリーもあるし、同性カップルの家庭だってすでにあるし、お互いの姓を尊重して事実婚をしている家庭もあります。

田嶋　「血のつながりなんてバカ言ってんじゃないよ！」って言っていきたいですね！

50歳、これからをどう生きるか

村瀬　ところで、田嶋さんはテレビで知る人が多いと思うのですが、転機は50歳前後にあったんですって？

田嶋　バラエティ番組では1990年に「笑っていいとも！」という番組に10回ほど出たのが最初なので、49歳の年ですね。きっかけは、日本青年館主催の花婿学校の講師をしていたので、講義の内容が5回にわたって新聞で紹介されたりしたせいもあって、テレビ局の人の目にとまったみたいです。テレビで言えば、それまではNHKの「英語会話Ⅱ」の講師をしていました。その後「ビートたけしのTVタックル」や「たかじんのそこまで言って委員会（現・そこまで言って委員会NP）」などにレギュラーで出演していたので、いまの50歳あたりの方だと、子どものころにそうした番組をご覧になったことがあるかもしれませんね。バッシングのなか、たったひとりのフェミニズム運動でしたね。

村瀬　私も、性教育に専念しようとそれまで勤めていた高校を辞めたのが47歳のときでした。石川達三の小説『四十八歳の抵抗』（新潮文庫）などを読んで、自分の人生後半をどう過ごそうかと考えたときに、いまが転機だと思ったんですよ。けれど給料はガクンと減るし、その後も教師時代と同じ収入に戻る確証もない……ということで妻と当時10代の子どもふたりとで家族会議を開きました。そしたら子どもたちが「やりたいことをやったほうがいい」と言ってくれたんですよね。あと妻がずっと仕事をつづけていたので、収入が完全に途絶えるわけではない安心感も大きかったですね。このためにやがて子どもたちが自分の進路について話しかけてきたときに「自分のやりたいことをやったらどう?」としか言えませんでした。

田嶋　以前は50歳っていうと、もうおばあさん、おじいさんというイメージでした。人生50年と言われていたんだから。でもいまは人生100年でしょ。まだまだ私たちも20年ありますね。好きなことしなきゃ!

おわりに

6人の専門家による「授業」、みなさんはどう読まれたでしょうか。「もっと早く知っておきたかった」「自分のつまずきのあれもこれも、性について知らないことから起きていたのか」という気づきがあったのではないかと思います。なかには後悔するようなことがあったという人もいるでしょう。

性について知ることは、自分自身をどう捉えるか、人とどうかかわるかを考えることなので、人生そのものを左右する力があります。それゆえに現在までにいたる性教育の不足を、多くの人が危ぶんでいるのです。

それでも私たちの前には常に、「知る」「変わる」というチャンスと選択肢が用意されています。人はいくつになっても変わることができる、というのは私の持論ですが、ひとつ付け加えるとすれば、そこには覚悟を求められることも多いです。長年慣れ親しんできた価値観や考えを手放すには、痛みがともなうこともあるからです。性教育の講演で知り合った、ある男性の話をしましょう。

その男性は当時60代で、地方で開催された性教育関連研究の集会の実行委員のひとりでした。自分自身の興味関心からというより業務の一環として携わられていたようです。それでも事前に勉強されており、当日も熱心に講演を聞かれていました。閉会のとき、突然彼は挙手し、発言を求めました。そこで話し始めたのは、研究会に参加し性について考える機会を得たことで、自分がいままでいかに妻を性的に踏みにじってきたかを知ったというものでした。

「妻とのセックスは、私がしたいときにするものでした。夕飯のとき妻に『おい』と声をかける、それが今日はするぞという合図で、妻の気持ちや体調、都合を考えたこともなかったんです。妻はそれを拒んだことはありませんが、どんな気持ちでいたのでしょう」

と、泣きながら話されるのです。私は「はじめに」で、「威張るのをやめて、仲よくする」という校訓を提案しましたが、彼はずっと威張ってきたわけです。「おい」が合図というのは、当時その世代ではめずらしくなかったのでしょうが、セックスで自分は「仲よく」できているつもりでも、相手にとってはそうではありませんでした。

先述したとおり、性には「生殖の性」「快楽共生の性」そして「支配の性」という3つの側面があります。相手の意思を尊重しないのは「支配の性」にほかなりません。それを認めるには彼にも葛藤があったと思いますが、乗り越えないことには「仲よくする」未来はありません。

図7-1　生涯にわたる性をsexual pleasureから考える（作成：村瀬幸浩）

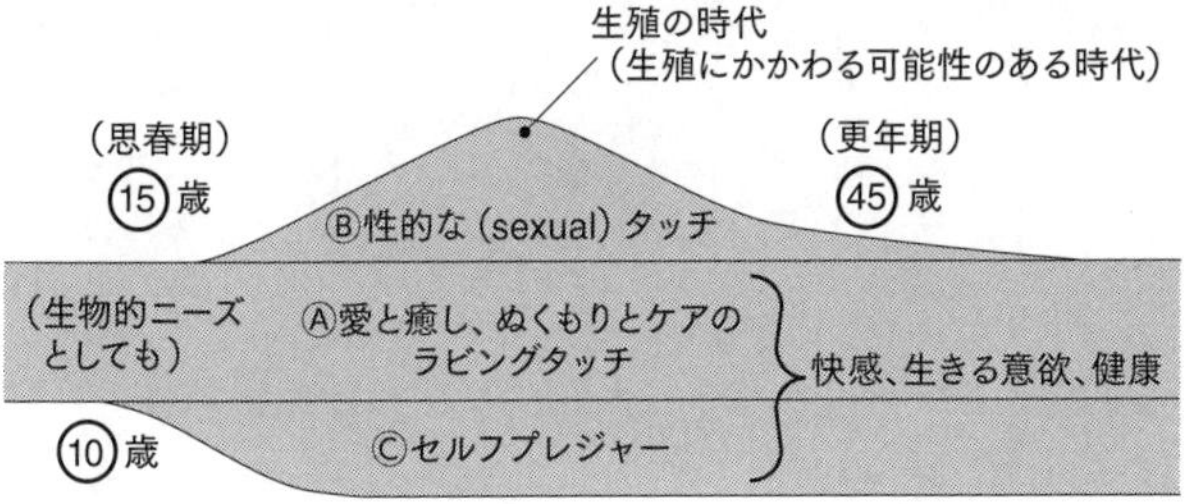

〈性行動に影響を及ぼすもの〉

- 成育におけるタッチとケアの経験
- 性に対する解放度（許容度）
- 性に対する学習（考え方、表現）
- 両者の関係性（生活・性意識など ── sexual consent（性的同意）） ── gender bias（思い込み））
- 育ってきた社会・文化・ジェンダーなど環境
- ホルモン（オキシトシンなど）の分泌・はたらきに由来するもの　など

セックスにおける「仲よくする」をさらに詳しく解説すると、その核になるのがラビングタッチ（loving touch）です。これは元をたどれば生物的ニーズともいえるもので、動物も子どもが生まれればリッキング（なめる）や毛づくろい、ハグなどによって、相手から触れられるのは気持ちいいという感覚や、安心感を育てます。これが愛着と呼ばれるもので、人と信頼関係を築くうえでの基盤となることは、よく知られています。私はこの触れ合いを、ラビングタッチと呼んでいるのです。

そして触れ合いは、成長とともにその幅を広げます。幼少期から性器に触れる「性器タッチ」は男女どちらにも見られる行為ですが、それで親からひどく叱責された経験が大人になってもしこりとして残っていて、セックスに積極的になれないという人はめずらしくありません。「人の目がないところでする」「清潔な手でさわる」ということがクリアできていれば性器タッチ自体は問題ありません。

10歳くらいから、セルフプレジャーを始める子もいるでしょう。かつては自慰行為、マスターベーションなどと呼ばれ、うしろ暗いイメージがつきまとっていましたが、いまはセルフプレジャーという言葉が広まっています。私は、これをとてもよい傾向だと思っています。プレジャーは「快楽」と訳されることが多いですが、もっと広い意味を持っており、やすらぎや安心感があり、自信と自己肯定を得られる感覚です。自分で自分に触れ、気持ちよくなり、プレジャーを得られる「セルフプレジャー」という行為。男性も女性も、若くても老いていても、日常的に実践したらいいと思います。

そして15歳を過ぎるころから、人によってはパートナーと楽しむセクシュアルタッチ(sexual touch)を経験するようになります。強い快感を求め、生殖を意識しオーガズムを目指すものとしてのセクシュアルタッチは、年齢には関係なく更年期前後まで続きます。

ラビングタッチは、セルフプレジャーやペネトレーション（挿入）と性行為の幅が広がっても、常に中心にあり、生涯続くもの、続けられたらいいものです。これは勃起、挿入、射精をセットとする男性器中心の考えとはまったく別のものです。性機能の低下などの理由により性器性交ができなくなっても、肌と肌を重ね、ぬくもりを感じ合うことはいつまでも可能です。それが癒しとなり、気持ちを安定させ、生きる意欲につながります。

私自身も60歳を過ぎて徐々に性機能が低下し、勃起がままならなくなって、妻との触れ合いをどうすればいいものかと悩んだ時期があります。多くの男性同様、喪失感も抱えました。しかし、それを触れ合いをやめる理由にはしませんでした。そこで妻とお互いがどんな触れ合いを求めるかをすり合わせました。ＥＤ治療薬を飲む提案もしましたが、妻は「やめてほしい」と答えました。実際、ＥＤ治療薬は飲むタイミングなどもむずかしく、私たちにはあまり向いていなかったのです。それでもセクシュアルタッチは可能でしたし、性交意欲がフェイドアウトしていく過程でラビングタッチがますます大きな意味を持つのを感じました。抱きしめたり性器に触れ合ったりすることからも、かつてあまり感じなかった癒しや安心感が得られることに気づきました。性器というのは基本的に信頼し合った同士でしか触れ合わないものなので、相手との信頼関係を確認し合う行為でもあります。

日本では「生殖の性」について教えることばかりが性教育とされていて、セクシュアルプレジャー、つまり楽しみとしての性を伝える機会が乏しいことを、私は非常に残念に思いながら過ごしてきました。中学校までは「はどめ規定」があって、セックスという行為自体を学ばせることはできず、ましてプレジャーなんてもってのほかというのが現状です。

２０２１年から文部科学省の旗振りで始まった「生命（いのち）の安全教育」は、性について総合的に教えることではなく、性暴力の被害者にも加害者にもならないということを重視しています。性暴力の実態を知ることはとても大事です。学生には「支配の性」にならないよう他者との関係性を築くための基礎を身につけてから社会に出てほしいと思うのですが、「快楽共生の性」についてほとんど触れないまま、ただ気をつけるべきことや、警戒すべき点を指導するだけなのは大きな懸念が伴います。これでは若いカップルを近づけるのではなく、離れさせる作用が働いてしまうのではないかと思うのです。

ユネスコによる性教育の手引書『国際セクシュアリティ教育ガイダンス』（明石書店）は、多くの国々で採用されており、日本語版も出版されています。そこで提示されている8つのキーコンセプトのうち7番目にあたる「セクシュアリティと性的行動」では、5〜8歳の学習目標として「一生を通して、自分のからだや他者と親しい関係になることを楽しむことは、人として自然なことである」と掲げられています。日本人からすればまだほんの子どもの時分にこうした考えを身につけるのだ、と最初に知ったときは驚きました。子どもは子どもでも、ひとりの人間として尊重されているのですね。とりたてて人から教えられなくても、思春期を迎え、性的関心が高まり、他者とそれを交わすなかで自らこうした価値観を見出していく人もいるでしょう。けれど人生の早い時期、しかも性への関心が高まる思春期より前に、こうしたフラットな形で「自然なことである」という価値観に触れるのと触れないのとでは、将来大きな違いとなって現れるのではないかと思います。

なぜ日本では、こんなにもプレジャーとしての性が肯定的にとらえられないのか。「生殖の性」しか教わらない状態では、その機能がなくなった人生後半はセックスをする意味を見失います。つまりセクシュアルタッチの終わりとともに、ラビングタッチまでしなくなってしまう。これは非常にもったいないことです。

『春画に見る江戸老人の色事』（白倉敬彦著、平凡社）という新書があります。江戸時代の性愛をおおらかに描いた春画は、みなさんご存じでしょう。この本ではなかでも、老爺と若い女性、老婆と若い男性、そして老夫婦の性行為を描いたものが紹介され解説が加えられています。私はこの本がとても好きです。なぜならいくつになっても性を楽しもうという姿勢が伝わってくるからです。こんなに明るくオープンな性生活を楽しんでいた日本人なのに、その後長らく男性の快楽は肯定し、女性の快楽は否定するという、非対称な状態をキープし続けているのは何ゆえでしょう。

私はこれには「恥」の意識が影響しているのではないかと考えています。欧米では古来から、女性の性的快楽は罪深いものとされ、男性を誘惑して堕落させるとして忌避されていました。アダムとイブの話に代表されるキリスト教的価値観によるもので、魔女狩りなどの背景にもこれがあります。１９６０年代後半から始まった女性解放運動がまっさきに取り組んだもののひとつに、この「女性は罪深い」という価値観の否定があります。男性と女性、同じ生を受けているのに片方だけが罪深いということはないと主張したのです。当然すぎるほど当然でしたが、旧来の価値観を重んじる側には、世界がひっくり返るようなことと感じた人もいるでしょう。

一方で日本は、みなさんも歴史の授業で学んだようにペリーの黒船来航を機に、価値観が塗り替えられていきます。江戸の街では混浴の文化がありましたが、それが西洋人たちを驚かせました。春画も然りです。開国によりいままで日本人が培ってきた文化は否定され、「恥ずかしいものだ」とされました。さらには、明治政府が制定した大日本帝国憲法で家制度が定められ、男性と女性はそもそも違う役割を持って生まれてきているのだ、女性は家長である男性に従わなければいけないのだ、という性別役割分業の考えがはっきりと打ち出されました。そして、女性の性は男性のものとなり、男性が管理しやすいよう「恥」の意識を与えられたのです。性にアクティブな女性は男性にとって不都合な存在として否定されましたし、生殖の役割を終えた女性の性は「ない」ものとされました。男性は老いてなお性欲が旺盛だと「いつまでも現役！」と賞賛されるのにもかかわらず、です。男性女性がセックスに積極的なのも、いつまでも楽しみたいと思うのも「恥ずかしい」「卑しい」ことだという意識が、世間に浸透していきました。

宗教的価値観には科学でくつがえせる一面がありますし、当事者である女性たちのNOの意思表示も強く、欧米における女性解放運動は大きな成功を収めました。しかし日本社会のように、恥や世間体といった、はっきりとした定義がないまま多くの人がなんとなく共有している意識や、空気のように漂っている価値観は、はっきり否定することも打倒することもなかなかむずかしい。そうして温存され、世代を越えて親から子、そのまた子へと受け継がれたがために、いまなお日本社会はその空気に包まれているように感じます。

この意識を変えることこそ、性教育の重要な役割なのだと思います。『国際セクシュアリティ教育ガイダンス』キーコンセプト7「セクシュアリティと性的行動」に収められた、5～8歳の学習目標について先述しましたが、これは15～18歳になると「セクシュアリティは複雑なもので、一生を通して発達する生物学的、社会的、心理的、精神的、倫理的、文化的な側面を含む」とされています。人の性には生殖以外の側面がこんなにもあること、性が人の自然な一部であり、「ウェルビーイング（幸福）を高めるもの」であることを、日本社会は、そして私たちはもっと深く知らなければなりません。そうでなければ、この恥の感覚が薄れることはないでしょう。

「仲よくする」はセックスの話ばかりではありません。50歳以降の生き方を考えるうえで、あらためて考えておきたいのが「共同生活者としての意識」です。現在の50歳はまだまだ仕事や育児で多忙な人が多いと思います。この先には、子どもが独立したり、親を介護したりといったライフイベントも待っています。しかし同時に節目の年ということで、その多忙が落ち着いた先のことを考え始める時期でもあると思います。

たとえば夫婦が老いる、病むといったことになると、生活は変わります。日々を営んでいくうえで、いままではあたりまえのようにできていたことが、少しずつできなくなっていきます。そのときに相手が何を求めているのか、何を不安に思っているのか、はじめてわかることもたくさんあるでしょう。私は妻とずっとコミュニケーションを取ってきましたが、妻の病気を機に知った暮らしの一面もあります。不安や、生活のなかで新たに生じた困りごとは、自分に対して「威張っている」と感じられる相手には吐露すらできないものです。こぼしたところで否定的なことを言われるかもしれない、受け入れてもらえないかもしれないと思えば、言葉が引っ込むでしょう。

加えて、これまでは女性が家庭内のケア役割をほぼ一手に引き受けてきたという、事実があります。男性は一方的にケアを受ければいいだけでした。しかしそんな生活は、いつまでも続くはずがありません。性別を理由にケアする／される側を分ける生活は、いずれ破綻します。それと同時に、こんな方はいないでしょうか。夫が家事や育児をしても、妻はそのやり方が気に入らず、強い言葉で〝ダメ出し〟をする――これも、威張っている態度といえます。ケア役割はこのように、歪な支配関係を生むこともあります。

そうならないように提案したいのが、「弱い者に合わせる」という考え方です。体力が弱いほう、体調が悪いほうにペースを合わせて生活をするのです。これは、私の体育教師時代に由来する考え方です。いまから30年以上前になりますが、当時は夏休みになると、希望する生徒を連れて登山をするのが恒例でした。キャンプで5泊という、共同生活も楽しみのひとつでした。登山は、ペース配分が大事です。無茶なペースで縦走すると、体力が消耗するだけでなく、怪我の危険があります。40人でいくつかの隊列を組んでいくのですが、体格も体力も性格もバラバラの生徒たちをどのようにグループ分けすればいいのやら……というのが毎年の悩みのタネでした。仲のいい者同士でグループを作らせたり、名簿順に分けてみたりしたのですが、実際に山に出るとトラブル続きでした。

そのなかでもっともうまくいったのが「体力のない者を中心として、ほかのみんなが合わせる」隊列だったのです。10代の子どもだと運動が得意で体力がある生徒が自然にリーダー的な役目を果たすことになりがちですが、そのペースで進むと体力のない生徒はついていけなくなります。ついていかなきゃと無理をするのは、とても危険です。そう思ってのグループ分けでしたが、いざ登ってみると、ほかの生徒から不満が出ることはありませんでした。体力にものを言わせて速く登って脱落者を出すよりも、全員がそろって頂上にたどり着けるほうが、大きな歓びだとわかったのです。

もうひとつ例を挙げましょう。いまではあたりまえのようになっているエスカレーターですが、もとは歩行障がいがある人たちのために作られたといいます。階段を上れないというハンディキャップが解消されるにとどまらず、いまでは健常者も荷物が重いときや疲れているときはエスカレーターを使います。いつか転んで怪我をして、階段を上れない生活を余儀なくされるかもしれない。そんなときにエスカレーターがあれば不安も軽減するでしょう。社会を弱い人に合わせて設計することで、結局はそうでない人も恩恵にあずかっているのです。

自分より条件のよくない人に自然と手を差し伸べる状態が、「仲よくする」です。これは性の話と関係ないのではないかと思われるかもしれませんが、そうではありません。たとえば多くの女性に毎月、月経がありますが、日本の職場や働き方は男性に合わせて設計されています。月経による不調に苦しんでいる人たちが、月経による不調とは無縁の人たちに合わせて働く、という状況がいまでも続いています。これも、逆であるべきです。異なる性をもつ同士が、いいえ、同じ性をもつ同士でも相手より弱い部分があり、強い部分もあるという認識をもつ。そして補い合う。別の場面では、自分が弱い立場にいるかもしれません。弱い部分を尊重し合う社会では、そうなっても困らないのです。

共に生活する者同士に目を移すと、生活でもセックスでも、強い人に合わせれば、弱い人が虐げられることになります。弱い人からの訴えを待つのではなく、強い人が「大丈夫だろうか」と常に気にかけること。生活の場面でも、家事や育児に慣れている側が不慣れな側を追い込むよりも、後者が適切なやり方を焦らず身につけられるようアドバイスしたり、気長に見守ったりする。また、セックスの善し悪しを決めるのは、対等性と相互性です。強い側からは対等に見えていても、弱い側からすればそうではないかもしれません。対等でなければ「イヤ」とも「こうしてほしい」とも言いにくく、相互性のあるコミュニケーションはむずかしいでしょう。

カップルにおいては、女性が必ず弱いとは限りません。年齢差があれば、加齢による不調を抱えた男性と、まだまだ体力のある女性という組み合わせになることもあり、ほかにも経済力などさまざまな要因が絡んできます。さらに言うなら、固定化されたものでなく時と場合によって変化もします。日ごろ元気でパワフルな人でも、何らかの病気が発覚すれば、途端に逆転します。

相手の弱い部分を知るには「listening」が必要です。私は「リッスン力」と言ったりしています。相手の感情はいまどうなっているのか、不安や困惑はないだろうか。それを、まず聞くのです。そこで聞こえてくるのは、自分にとって不都合なことかもしれません。たとえば自分はセックスしたいと思っているのに、相手の「したくない」を聞いてしまった、というときです。そこで、「じゃあ日をあらためようか」とすんなり思えればいいのですが、聞こえなかったふりをして自分の「したい」を優先してしまうと問題です。さらに悪いのは、相手から「したくない」と言われると困るから、最初から聞かないという選択です。

他者を理解するためには想像力が必要だと、よく言われています。自分ではない誰かを本当の意味では知ることができない。だからこそ想像し、理解しようとする作業が不可欠だという意味なのでしょうが、何もないところからの想像というのもまた、むずかしいものです。

日本では「イヤよイヤよも好きのうち」ということが、昔から言われてきました。しかしこの短いフレーズに、性の課題が詰まっているように私には見えるのです。イヤと言われているのにそれを「好き」と受け取るのは、リッスン力に問題があります。イヤと言っているのをわざと聞き違えて、相手を組み伏せてセックスに持ち込んでも、そこに「好き」という快楽共生のよろこびはなく、ただ支配があるだけです。自分にとって都合が悪いことに耳を傾けないのは、自分のほうが強いからできるということも忘れてはなりません。リッスン力をつけなければならないのは、強い立場にいる側です。

支配する側が見る現実と、される側が見ている現実は、往々にして異なるもの。だから、リッスン力が必要なのです。

たしかに、女性の側に「自分で『したい』とは言えない」「誘われても自分から積極的にふるまうのははしたない」という意識を持つ人が多いのも、また事実です。長年、空気のように漂っていた「恥」の意識が消えずに残っているのでしょう。

しかし、したくないことにNOを示すことはとても大事ですし、それは100%尊重されなければなりません。それと同時に誰もが、特に女性が、自分からYESを発信することをよしとする空気も、今後はもっともっと醸成されてほしいと思います。それが、セックスも人生も主体的に自分で決めるということにつながります。YESもNOも伝えられる力は、本来すべての人が持っています。それを互いに尊重しあう人間関係づくりこそ、50歳からの性教育の主要課題です。

本書の制作にあたり、ご登場くださいました6名の専門家のみなさまに心より御礼を申し上げます。すばらしく魅力的なメンバーが集結し、それぞれが各テーマをていねいに語る、斬新かつ大胆な一冊となりました。また、私を「校長先生」として起用するという企画を考案し、構成にご尽力くださった編集・ライターの三浦ゆえさん、担当として伴走してくださった河出書房新社の田中大介さんに最大限の感謝を。

ほか、本書にかかわるすべての方に御礼を申し上げます。

50歳からの人生。まだまだ折り返し地点の手前といっても大げさではありません。性を学び直し、これからの暮らしに活かしていただけたら幸いです。

2023年3月

校長・村瀬幸浩

【著者略歴】

村瀬幸浩（むらせ・ゆきひろ）
1941年生まれ。性教育研究者。私立和光高等学校の保健体育科教諭として25年間勤務。89年に同校を退職後、講師として一橋大学や津田塾大学、東京女子大学で「ヒューマンセクソロジー」を担当。ジェンダーフリー、性の自己決定権や女性学、男性学といったテーマで活動。主な著書に『恋愛で一番大切な〝性〟のはなし』（KADOKAWA）、『素敵にパートナーシップ』（大月書店）、『男子の性教育 柔らかな関係づくりのために』（大修館書店）、シリーズ化した『おうち性教育はじめます 一番やさしい！ 防犯・SEX・命の伝え方』（KADOKAWA、フクチマミとの共著）など多数。

髙橋怜奈（たかはし・れな）
1984年生まれ。産婦人科医。東邦大学医療センター大橋病院・産婦人科在籍。趣味はベリーダンス、ボクシング、バックパッカーの旅。2016年、ボクシングのプロテストに合格し、世界初の女医ボクサーとして注目を集める。ダイエットや食事療法、運動療法のアドバイスも積極的に展開している。著書に『「性」のはなしはタブーじゃない！』『おとなも子どもも知っておきたい新常識 生理のはなし』（共に主婦と生活社）、監修『産婦人科医が教える みんなのアソコ』（辰巳出版）がある。ＹｏｕＴｕｂｅやＴｉｋＴｏｋなど、ウェブメディアでも性の情報を発信している。女医＋（じょいぷらす）所属。

宋美玄（そん・みひょん）
1976年生まれ。産婦人科医。日本新生児周産期学会会員、日本性科学会会員、日本産婦人科学会専門医。『女医が教える 本当に気持ちのいいセックス』（ブックマン社）がシリーズ化するなどヒット作多数。書籍や雑誌、テレビ・ラジオに出演し、女性の性や妊娠について積極的に発信を続けている。ほかの著書に『少女はどこでセックスを学ぶのか』（徳間書店）、『生理だいじょうぶブック』（小学館）、『セックス難民～ピュアな人しかできない時代～』（小学館新書）、『産婦人科医宋美玄先生が娘に伝えたい 性の話』（小学館、カツヤマ ケイコとの共著）など多数。

太田啓子（おおた・けいこ）
1976年生まれ。弁護士。2002年に弁護士登録。労働問題、セクシュアルハラスメント、遺産相続問題などを扱う。明日の自由を守る若手弁護士の会（あすわか）会員。14年より「怒れる女子会」呼びかけ人。19年には『DAYS JAPAN』広河隆一元編集長のセクハラ・パワハラ事件に関する検証委員会の委員を務めた。『日本のフェミニズム since1886』（河出書房新社）、『憲法カフェへようこそ』『イマドキ家族のリアルと未来』（共にかもがわ出版、共著）に執筆。著書に『これからの男の子たちへ「男らしさ」から自由になるためのレッスン』（大月書店）がある。

松岡宗嗣（まつおか・そうし）
1994年生まれ。ライター、一般社団法人fair代表理事。政策や法制度を中心とした性的マイノリティに関する情報を発信する。ゲイであることをオープンにしながら、Yahoo!ニュースやハフポスト、現代ビジネス等で多様なジェンダー・セクシュアリティに関する記事を執筆。著書に『LGBTとハラスメント』（集英社新書、神谷悠一との共著）、『あいつゲイだって　アウティングはなぜ問題なのか？』（柏書房）、『子どもを育てられるなんて思わなかった　LGBTQと「伝統的な家族」のこれから』（山川出版社）などがある。講師として、教育機関や企業、自治体での研修も多数行なっている。

斉藤章佳（さいとう・あきよし）
1979年生まれ。精神保健福祉士・社会福祉士。アジア最大規模といわれる依存症施設である榎本クリニックで、ソーシャルワーカーとして約20年にわたってアルコール依存症をはじめギャンブル・薬物・性犯罪・DV・窃盗症などさまざまな依存症問題に携わる。これまでに2000人を超える性犯罪加害者の治療に関わった実績がある。主な著書に『男が痴漢になる理由』『万引き依存症』（共にイースト・プレス）、『「小児性愛」という病　それは、愛ではない』（ブックマン社）、『セックス依存症』（幻冬舎新書）、『盗撮をやめられない男たち』（扶桑社）など多数。

田嶋陽子（たじま・ようこ）
1941年生まれ。元法政大学教授、元参議院議員、英文学者、女性学研究家。フェミニズム（女性学）の第一人者としてメディアに登場。多くのテレビ番組に出演し、論客として人気を博す。著書に『女は愛でバカになる』（集英社be文庫）、『愛という名の支配』（新潮文庫・韓国版出版）、『田嶋先生に人生救われた私がフェミニズムを語っていいですか⁉』（KADOKAWA、アルテイシアとの共著）、『新版　ヒロインは、なぜ殺されるのか』（KADOKAWA）などがある。シャンソン歌手として、また書アート作家（個展7回）として活躍中。

【構成者略歴】

三浦ゆえ（みうら・ゆえ）
1975年生まれ。編集者&ライター。出版社勤務を経て、、2009年に独立。女性の性と生をテーマに取材、執筆を行なうほか、『女医が教える本当に気持ちのいいセックス』（宋美玄著、ブックマン社）シリーズをはじめ、『男が痴漢になる理由』（斉藤章佳著、イースト・プレス）、『産婦人科医が教えるみんなのアソコ』（髙橋怜奈監修、辰巳出版）、『新生児科医・小児科医ふらいと先生の子育て「これってほんと？」答えます』（西東社）などの編集協力を担当。著書に『となりのセックス』（主婦の友社）、『セックスペディア―平成女子性欲事典―』（文藝春秋）がある。

【参考文献】

『国際セクシュアリティ教育ガイダンス【改訂版】科学的根拠に基づいたアプローチ』（明石書店）
日本性科学会セクシュアリティ研究会『中高年のための性生活の知恵』（アチーブメント出版）
武谷雄二『エストロゲンと女性のヘルスケア』（メジカルビュー社）
武谷雄二、上妻志郎、藤井知行、大須賀穣監修『プリンシプル産科婦人科学１　婦人科編第３版』（メジカルビュー社）
『女性生殖器 成人看護学⑨』（医学書院）
村瀬幸浩、フクチマミ著『おうち性教育はじめます 一番やさしい！　防犯・ＳＥＸ・命の伝え方』『おうち性教育はじめます 思春期と家族編』（ＫＡＤＯＫＡＷＡ）
髙橋怜奈『産婦人科医が教える みんなのアソコ』（辰巳出版）
宋美玄『女医が教えるオトナの性教育 今さら聞けない セックス・生理・これからのこと』（学研プラス）
太田啓子『これからの男の子たちへ「男らしさ」から自由になるためのレッスン』（大月書店）
松岡宗嗣『あいつゲイだって アウティングはなぜ問題なのか？』（柏書房）
斉藤章佳『男が痴漢になる理由』（イースト・プレス）
小島慶子『さよなら！ハラスメント 自分と社会を変える11の知恵』（晶文社）
田嶋陽子『愛という名の支配』（新潮社）
「エトセトラ ＶＯＬ・２特集：We Love 田嶋陽子！」（エトセトラブックス）
「季刊セクシュアリティ Ｎｏ．１０３ ２０２１年10月号」（エイデル研究所）
「季刊セクシュアリティ Ｎｏ．１０４ ２０２２年１月号」（エイデル研究所）

構成　三浦ゆえ
図版作成　株式会社ステラ

河出新書 059

50歳《さい》からの性教育《せいきょういく》

二〇二三年四月二〇日 初版印刷
二〇二三年四月三〇日 初版発行

著者 村瀬幸浩《むらせゆきひろ》・髙橋怜奈《たかはしれな》・宋美玄《そんみひょん》・太田啓子《おおたけいこ》・松岡宗嗣《まつおかそうし》・斉藤章佳《さいとうあきよし》・田嶋陽子《たじまようこ》

発行者 小野寺優
発行所 株式会社河出書房新社
〒一五一-〇〇五一 東京都渋谷区千駄ヶ谷二-三二-二
電話 〇三-三四〇四-一二〇一［営業］／〇三-三四〇四-八六一一［編集］
https://www.kawade.co.jp/

マーク tupera tupera
装幀 木庭貴信（オクターヴ）
印刷・製本 中央精版印刷株式会社

Printed in Japan ISBN978-4-309-63163-9